冒 险 永 不 结 束

奇遇时刻
ventura

查拉图斯特拉时期笔记集

FRIEDRICH NIETZSCHE

人是
一种
太不完美的
东西

[德] 弗里德里希·尼采——著

孙周兴——编　孙周兴　赵千帆——译

GUANGXI NORMAL UNIVERSITY PRESS
广西师范大学出版社
·桂林·

人是一种太不完美的东西

REN SHI YIZHONG TAI BU WANMEI DE DONGXI

图书在版编目（CIP）数据

人是一种太不完美的东西：查拉图斯特拉时期笔记集 / (德) 弗里德里希·尼采著；孙周兴编；孙周兴，赵千帆译. -- 桂林：广西师范大学出版社，2025. 8.
ISBN 978-7-5598-8336-0

Ⅰ. B516.47

中国国家版本馆 CIP 数据核字第 2025V45Z09 号

广西师范大学出版社出版发行

广西桂林市五里店路 9 号　邮政编码：541004
网址：http://www.bbtpress.com
出　版　人：黄轩庄
经　　　销：全国新华书店
发行热线：010-64284815
印　　　制：北京雅昌艺术印刷有限公司
开　　　本：715×889mm　1/32
印　　　张：12.375
字　　　数：183 千
版　　　次：2025 年 8 月第 1 版
　　　　　　2025 年 8 月第 1 次印刷
定　　　价：59.00 元

如发现印装质量问题，影响阅读，
请与出版社发行部门联系调换。

目录

致莎乐美的陶滕堡笔记，
1882年7—8月*

1 [1]

"*solitudo continuata dulcescit.*"［持久的孤独使人甜蜜。］萨索圣母教堂[1]。(洛迦诺)

1 [2]

对道德的驳斥？——

道德乃是那些不能挣脱道德的人们的事情：对于他们来说，道德恰恰因此属于"实存条件"[2]。实存条件是人们不能驳斥的：人们就是不能——拥有实存条件！

1 [3]

原理。

我们揭示的最后一个物理上的力之状态也必然是第一个。

力消解为潜在的力，这必定是最有生命力的力之起源的原因。一种否定状态必定跟随最高的肯定的状态。

---

1 萨索圣母教堂 (Madonna del Sasso)：又称岩石圣母教堂，位于瑞士洛迦诺 (Locarno) 小镇北边的半山腰上。——译注
2 此处"实存条件"(Existenz-Bedingungen) 也可译为"生存条件"。——译注

与物质一样，空间也是一种主观形式。时间则不是。

空间是通过对空虚空间的假定才产生的。没有这种空虚空间。一切都是力。

我们不能同时设想受动和运动的东西，但这造成了物质和空间。我们进行隔离(*Isoliren*)。

事物的发展可以归结于事物的产生。

所有的发展都是一种产生。

物质、质料是一种主观的形式。

我们能设想的无非是质料性的东西。甚至思想和抽象也从我们身上获得了一种我们也许会加以否认的十分精细的质料性: 尽管如此它们却具有这样一种质料性。我们已经习惯于忽视这种精细的质料性，而谈论"非质料"。完全就像我们把死与生、逻辑与非逻辑等等分离开来一样。忘掉我们的对立面——这是任务。

$$1[4]$$

连概念也是生成的。从何而来? ——这里有过渡。

对于人们为某个失败了的事业而利用过的人物，人们当双倍报答。

如果你想要永葆青春，那就晚一点变年轻。

"谁在他关于他人的判断中过于严厉，我就会把他看作坏人"——我用德摩斯梯尼²的话说。

"Suaviter in re, fortiter in me." [待物温良，待我刚毅。]

所有复活者的信仰。——谁一旦已早死，就很久不会再死第二次了。

死后的生命。——谁若有理由相信自己的"死

---

1 参看《查拉图斯特拉如是说》第一部"自由的死亡"。——编注

2 德摩斯梯尼 (Demosthenes, 前384—前322年): 古希腊雄辩家、民主派政治家。——译注

3 "Fortiter in re, suaviter in modo" [处事刚毅，待人温良] 的改写，耶稣会主教 Claudio Aquaviva 的箴言，见 *Industriae ad curandos animae morbos*，威尼斯，1606年 [据布赫曼]。——编注

4 参看《快乐的科学》第262节。——编注

后的生命",他就必须学会承受自己在有生之年的
"死亡"。

1 [10]

迟来的年轻。——迟来的年轻能保持长久的青
春[1]。

1 [11]

理想。——眼睛看见的是自己之外的一切; 所
以我们也总是只还看见在我们面前的理想, 哪怕我
们达到了这个理想!

1 [12]

"高贵的"(edel) 这个概念和情感具有不同于
"善好的"(gut) 这个概念和情感的前史。

1 [13][2]

跟我走。跟你走

[Vademecum. Vadetecum]

尼采著

第一个全集版

1　似可译为"迟暮成长青"。——译注

2　参看《快乐的科学》,第7页; 科利版(KSA)第9卷, 4[313]; 第178
页。——编注

6

内容:

《人性的,太人性的。附录》

《漫游者及其影子》

《曙光》

《快乐的科学》。

1 [14]

犁铧。

精神解放之工具。

第一个全集版

两卷本

内容:

《人性的,太人性的。附录:

见解与箴言杂录》。

《漫游者及其影子》。

《曙光。关于道德偏见的思考》。

《快乐的科学》。

致 — — — ²

女友啊! ——哥伦布说——不要
再相信一个热那亚人³!
他总是凝视蔚蓝大海——
极远天际将他牢牢吸引!

*

勇气! 我在公海上,
我后面是热那亚。
与你结盟,我赢得了
金地和阿美利加。

*

让我们站稳脚跟!
我们永远不能往回反复。
往外看吧: 从远方问候我们的
是一种死亡,一种荣誉,一种幸福!

1 [16]

关于主要或者完全以植物为基础的饮食

1　参看《快乐的科学》"驶向新大海"。——编注
2　表示不完整的句子。后同。——译注
3　哥伦布是意大利热那亚人。——译注

有暴躁情绪的人，野心勃勃的、恶意的、淫荡的人们，他们可能真的会问自己，对他们来说即使一点点肉是不是也已经太多了，尽管在我看来，另一个问题比他们应该吃什么的问题要重要得多，那就是：吃多少，在此意思就是：吃多么少。

1 [17][1]

像朋友一样挣脱朋友的胸膛。

好吧！你就还有自己的痛苦！

1 [18]

如果我的书受不了至少 sub specie trecentorum annorum [以三百年的角度] 被看待，那又有什么意义呢？

1 [19][2]

自由精神。
风格。

---

[1] 莎乐美《生命祈祷》中的诗句；在陶腾堡告别之际，她把这首诗给了尼采，参看《弗里德里希·尼采—保罗·瑞—莎乐美。有关三人相遇的文献》(Fr. Nietzsche, Paul Rée, L. Von Salomé)，基于卡尔·施勒塔 (Karl Schlechta) 和蒂尔巴赫 (Ehrhart Thierbach) 从前的合作，普法伊费尔 (Ernst Pfeiffer) 编，美茵河畔的法兰克福，1970 年，第450页(简写为：普法伊费尔)。——编注

[2] 系作者后来记录的部分已经得到处理或者还有待处理的课题的目录。——编注

9

道德的与有机的。

自身之欲[1]与邻人之欲。

英雄气概。

思想对于世界之未来的作用。

上帝与魔鬼。

1 [20]

关于"自我"之道德。

让自己被理解的困难。在许多人那里这是不可能的。

每一个行动都被误解了。而且，为了不至于持续地被跨越，人们必须有自己的面具。这也是为了引诱……

宁可与那些有意撒谎的人打交道，因为只有他们才可能同样有意识地成为真实的（wahr）。通常的真实性（Wahrhaftigkeit）乃是一个没有面具意识的面具。

对"自我"（Ich）的征服和杀戮：它就像一个有机细胞一样工作：它掠夺，它是暴力性的。它意愿再生——怀孕。它意愿生育自己的神，看到所有人

1　原文为 Selbstsucht，或译为"自私"。——译注

类都在它脚下。

解放了的自我为统治地位而斗争。

I [21]

这不是一本书:书有什么要紧!

棺材和裹尸布有什么要紧!

这是一种意志,这是一种许诺,

这是一次最后的桥梁爆破,

这是一阵海风,一次起锚开航,

一阵齿轮滚滚,一次舵轮定向,

大炮在轰鸣,炮火冒白烟,

大海发出阵阵笑声,怪兽一般——

I [22]

既然自私可能是恶的,就用美好的话语称之[1]

I [23]

闪米特种族[2]属于印欧种族,这一点我相信阿斯科利[3]和 E. 勒南。

---

[1] 原文如此,句尾无标点。后同。——译注
[2] "闪米特种族"(semitische Rasse):一译"闪族",古代包括巴比伦人、亚述人、希伯来人和腓尼基人等,近代主要指阿拉伯人和犹太人。——译注
[3] 阿斯科利(G. I. Ascoli, 1829—1907年):意大利语言学家。——译注

1[24]¹

一个英雄人物的生命包含着若干世代与恶魔之神化相关联的缩简历史。他经历了异端、女巫、占卜者、怀疑者、虚弱者、有信仰者和征服者的状态。

1[25]

谁若本身具有求痛苦的意志，他就会对残忍有不同的态度；由于他行伤害之事，他就不会把伤害看作本身有害的和糟糕的。

1[26]

"耶稣看见有人在安息日工作，就对他说：如果你知道你在做什么，你是有福的；但如果你不知道，你就是被诅咒的，是违法之人。"

《路加福音》第6章第4行，旧手抄本

1[27]

现有的力之世界会引回到这些力的一个最简单的状态上：同样也可以前进到一个最简单的状态，——两个状态不可能、也不必是同一的吗？从一个确定的力之系统中，也即从一个确凿可测的力中，不可能产生无数的状态。只有错误地假定了一

1　参看《查拉图斯特拉如是说》第一部"创造者之路"。——编注

个无限的空间,在这个空间中力可以说是蒸发掉了,这时候,最后的状态才是一个非生产性的、死气沉沉的状态。最简单的状态同时既是 – 又是 +[1]

1 [28]

如果我们采取最严格的道德立场,例如最严格的诚实立场,那么,我们与事物的交道,我们通常行动的全部信条,就已经是不道德的了 (例如,有躯体存在。

同样,人＝要去相信人,而非个体的原子性。

一切因此都变成不诚实。而且,假如我们认识到生活就是不诚实,也即非道德——那么生活就是必须被否定的。

同样,无条件的公正使我们认识到,生活本质上是不公正的。

认识的极端道德性之结果:对毁灭的渴望。

但是,现在具有拯救作用的是对道德和道德性的批判:它杀死了自己。

所以:生命是不能被否定的,因为道德并不凌驾于生命之上,道德是死的。道德的过度已经证明,

---

1 句子不完整。后同。——译注

13

它的对立面，即恶，是必然的和有用的，而且是善的源泉。

我们因此放弃了善好吗？不，恰恰不！因为我们的诚实不再需要如此严格了。善好事实上不是这样的。

I [29]

情感需要不可与对于情感的需要混为一谈：后者是一些十分冷酷的人物所具有的。

I [30]

狗以臣服报恩。猫则自得其乐，有一种肉欲的力量感：它不回馈。

I [31][1]

对所谓"唯灵现象"[2]的说明。媒介之理智功能的一部分是无意识地进行的：在其中，他的状态是催眠的（一种清醒的和沉睡的理智的分离）。神经力量集中于这个无意识的部分上面。——在通过双手

1　彼得·加斯特在笔记本中标注日期为"1882年10月2日"；事实上要标注为1882年8月初，正如我们可以从保罗·瑞1882年8月6日致莎乐美（在陶腾堡）的书信中推断出来的那样；参看普法伊费尔，第177页。——编注

2　此处"唯灵现象"原文为 spiritistische Erscheinungen，也可译为"招魂现象"。——译注

联结起来的人当中，必定会发生一种向媒介的电传导，通过后者，每个人的思想都会转入媒介。这样一种思想的传导并不比跌倒的情况下，在某个人身上从脑到脚的传导更为神奇。问题将通过当事人的智力来解答：在这里，记忆经常执行和提供某个似乎通常被遗忘的东西。紧张情绪的后果。——不存在什么遗忘。——连无意识的欺骗也是可能的：我的意思是说，欺骗性的媒介在一无所知的情况下进行各种欺骗操作：其道德性在这些行为中本能地表现出来。——在我们所有的行动中，最终情形总是这样。本质性的东西无意识地在我们身上发生，流氓无意识地成为流氓的次数和频率比他有意识地做流氓要高一百倍。

电现象、冷电流、火花在此都是可能的。被触碰的感觉可能是错觉和妄想之事，是感官的幻觉：在此情形可能是，对若干人产生幻〈觉〉[1]统一性。(有如在古老的狂欢崇拜中)

相信会与死者重逢，这种信仰乃是唯灵论的前提。这是一种自由精神。真正的虔诚者不需要这种

---

[1] 表示 KSA 编者对文字遗缺部分的补全。后同。——译注

信仰。(对不朽的卑躬屈膝)

1 [32]

Advocatus diaboli [魔鬼的辩护士]

关于上帝和魔鬼的新观念。无条件的认识是德性时期的一种疯狂；生命会因此而毁灭。我们必须把谎言、妄想、信仰和不公神圣化。我们必须从道德中解放出来，方可能有道德地生活。我自由的任性，我自制的理想，意愿我的这个和那个德性，也即那种因德性而致的没落。这就是英雄主义。

1 [33]

国家原则将激发伊斯兰教徒印度人。

1 [34]

举例说来，到底什么使卖淫变得如此有害、偷偷摸摸、缺乏安全感呢？不是它的"自在的恶"，而是对待它的恶劣意见。这一点是与统计学家相悖的。人们应当核算一下善人们，他们的判断的更粗糙和更精细的后果构成了人内在和外在的痛苦。进而，他们把这种痛苦当作一个证据，证明他们是正确的，也即当作自然和力量的证据！坏良心毒害健康。

婚姻作为性满足的被许可形式。

16

战争作为邻人谋杀的被许可形式。

学校作为教育的被许可形式。

正义作为复仇的被许可形式。

宗教作为求知冲动的被许可形式。

善人如法利赛人，带有坏良心的恶人，在压迫中活着。各种放纵不正是这么多人对这些被许可的形式不满而致的后果吗？除了善人们的不能或不愿伪善之外，最大的罪行是什么呢？是缺乏对强大本能的教育吗？对此只有反对者和蔑视者。

ı [35]

法利赛人的幸福。

他的自我克服。在任何情况下都产生"道德的"行为，并且持续不断地把这些动机仅仅保存于意识之中，把现实的动机说成错误的（即道德的）。

此乃畜群内部的古老做派：真正的不诚实，即是在自身那里只看到被许可的判断和感受。这种为所有善人所共有的做派导致了共同行为的千篇一律：他们获得了巨大的力量，相信自己和邻人只有很少的动机，而且只相信善好的动机。

法利赛人是具有保存力的人的原型，始终是必要的。

对立面：

强壮的恶人

与有这般感觉的虚弱的恶人。

从他们身上会产生利己善人[1]，那个变成上帝的魔鬼。

1 [36]

减少痛苦，并且使自己摆脱痛苦（即生命）——这是道德的吗？

制造痛苦——为自身和他人——使他们能够达到至高的生命，即胜利者的生命——这或许就是我的目标。

1 [37]

看到伟人受到了法利赛人[2]的尊敬，这是令人恶心的。反对这种多愁善感。

---

1 此处"利己善人"原文为 *der Sich-selber-Gute*，字面意思为"对自身好的人"。——译注

2 法利赛人 (Pharisäer)：古犹太教一个派别的成员，标榜墨守教规，圣经中称他们是言行不一的伪善者。故也可译为"伪善者""伪君子"。——译注

无论是对个人还是对人类，倒退和堕落也都必须产生其理想：而且人们始终相信自己在进步。"猴子"理想可能会在某个时候矗立在人类面前——作为目标。

1 [39]

我的精湛技艺：忍受令我不快的事情，公正对待之，甚至对其彬彬有礼地——人类和认识。这是我最擅长的事。

1 [40]

我有一种爱好，就是喜欢自己被偷盗和被剥夺。但当我发觉，一切的结果都是使我受骗上当，这时候，我就陷入利己主义中了。

1 [41]

从完善的古老的道德观念而来，我渴望自私自利 (Selbstsucht)。

1 [42]

为什么我爱自由精神？作为以往道德的最后结果。公正地对待一切，跨越爱好和厌恶，适应事物的秩序，超越自己，克制和勇气——不仅针对个人的敌意、难堪，而且也指向事物中的恶、诚实，甚至作为理想主义和虔诚的敌对者，即激情的敌对者，甚至于与诚实本身相关；对于一切事物和每个事物的体贴爱意，以及发现其价值、合法性和必然性的良好意志。放弃行动（寂静主义），因为无能于说"事情应该不一样"——安息于上帝之中，仿佛在一个生成的上帝中。

作为这种自由精神的**手段**，我认识到自私自利是必然的，为的是不至于被吞没于事物之中：作为纽带和依靠。那种道德的完善只有在一个自我（*Ich*）中才是可能的：只要它表现出生动，有塑造、渴望、创造之力，并且每时每刻都抗拒沉入事物之中，那它就保存着自己的力量，于自身中接受下来越来越多的事物，并且沉入自身中。因此，与自身（Selbst）和自私自利相比，自由精神乃是一种生成（Werden），是两个对立面之间的斗争，不是任何完成、完美的东西，不是一种状态：那是道德的洞见，只有借助于其对立面才能维持实存和发展。

1 [43]

1. 对我们自身的不满。后悔的解药。气质的转变（例如，通过无机物）。对这种不满的善良意志。等待并且填满它的渴望，为的是发现它的源头。

2. 死亡要改造为胜利和凯旋的手段。

3. 性爱,作为实现理想的手段(力求在其对立面中消亡[1])。对受苦受难的神性的爱。

4. 疾病,对待疾病的态度,朝向死亡的自由。

5. 繁殖作为最神圣的事情。女人与男人的受孕、创造,他们想要在孩子身上享受他们的一体性,并且在那里创建一块纪念碑。

6. 同情之为危险。创造机会,让每个人都能够自助,至于他是否应当得到帮助,则随他的便。

7. 导致恶、导致本己的"魔鬼"的教育。

8. 内部战争,作为"进化"。

9. "物种保存"与永恒轮回思想。

10. 每个受造之神在何种程度上又为自己创造了一个魔鬼。而且,这并不是它的起源。(这是他必须与之抗争的邻近的理想)

1[44]

国家吞食了个〈体〉的道德。

肆意妄为也许是表示道德的最受称赞的名称

---

1 此处"消亡"(untergehen)或译为"没落"。——译注

风格

首要的是生命: 风格应当是活的。

就你想要与之交流的某个完全确定的人而言, 风格每每都应当与你相适合。

人们首先必须确切地知道:"我会这样那样地言说和陈述这个"——在人们可以写作之前。写作可能只是一种模仿。

**

因为写作者缺乏演讲者的诸多手段, 所以他通常必须以一种非常富有表现力的演讲方式为诸范本: 它的摹写, 即写下来的东西, 必然就会显得更加苍白(而且对你来说显得更加自然)。

生命的丰富性通过姿态 (Gebärden) 的丰富性显露出来。人们必须学会把一切——句子的长短、标点符号、词语选择、停顿、论据的顺序——都当作姿态来感受。

*

警惕长句! 只有那些在说话时能保持长久气息的人, 才有权说长句。对于大多数人来说, 套叠长句

22

是一种做作。

风格应当证明,人们相信自己的想法,而且不只思考之,而是感受之。

＊ ＊

人们想要传授的真理越抽象,人们就越是必须首先引诱感官去达到它。

优秀散文作家的技巧就在于,密切接近诗歌,但永远不会越界转向诗歌。要是没有关于诗意本身的最精细的感觉和能力,人们就不可能拥有这个节拍。

＊

预先替自己的读者提出比较简单的反对意见,这是不礼貌和不明智的。把我们智慧的精髓留给读者自己去说出,才是十分礼貌和明智的。

1 [46]¹

乔治·桑1868年致马克西姆·迪康²的信。

"缔结友好婚姻,生儿育女。爱情不会生育。当你看到你爱的人胜过你自己时,你会感到幸福。但你能爱得比你自己更深的不是女人,而是孩子,是天真无邪的生命,是神圣的类型,它或多或少会随着你

1　出处未查明。——编注

2　迪康(Maxime DuCamp, 1822—1894年):法国作家。——译注

23

的成长而消失，但在几年的时间里，它会让我们重新拥有人间的理想。"[1]

1 [47][2]

在他对一个女人所有感情的背景里，男人总还有对于女性的蔑视。

1 [48]

反对道德愤怒。

与在宗教战争中一样的残忍。"蔑视同胞"作为基督愤慨的对象（对法利赛人，他变得不公正）。

（恶必须被保存下来！）

1 [49]

谁若看到了一个人的理想，他就会把现实的人感受为人的漫画。

---

1 原文为法语："Faites un mariage d'amitié pour avoir des enfants. L'amour ne procrée guère. Quand vous verrez devant vous un être, que vous aimerez plus que vous-mêmes, vous serez heureux. Mais ce n'est pas la femme que l'on peut aimer plus que soimême, c'est l'enfant, c'ent l'être innocent, c'ent le type divin, qui disparaît plus ou moins en qrandissant, mais qui, durant quelques années, nous ramène à la possession d'un idéal sur la terre."——译注

2 参看《善恶的彼岸》第86节。——编注

24

1. 女性的情绪判断。

　　——关于男人和女人的个别德性和恶习。

　　女人与工作

　　妇女与国家

　　女人与荣耀。

2. 女性的判断力与女性关于其判断力的信仰。

3. 隐藏的现实与 – – –

4. 非现实性，一个女人感觉自己必须断定为真实的那种非现实性。

5. 引诱他人对我们产生好感，并且屈服于这种好感，视之为一种权威。

6. 女性情绪的节奏。

7. 怀孕作为基本状态，它根本上渐渐塑造了女性之本性。所有女性的思维方式和行为方式都与此相联系。

8. 照顾孩子部分是回退性的——部分是太过非孩子气的。女性的理性主义。

9. 女性的和男性的支配欲的差别。

10. 女性的完美感——在顺从中。

11. 被感受为非女性的东西。历史。

I2. 否认摧毁仇恨报复[1]：为什么在这里女人比男人更野蛮。

I3. 男人与女人的性感是不同的。

I [5I]

关于世界的重新起源。

如果否定就是力量，就会从两个否定中产生一种立场。(黑暗来自光明对抗光明，寒冷来自温暖对抗温暖，等等。)

I [52][2]

把你的言辞抛在你的行为前面吧：让对破碎言辞的羞愧约束你自己吧。

I [53]

唯有坚强不屈者可以自发地沉默。

I [54]

我们对他人比对自己更坦率。

I [55]

涉及到全部真理，我们就犹如对待内在的身体一样。

---

1 原文如此，此处四个动词未用顿号分开。——译注
2 参看《查拉图斯特拉如是说》第一部"序言"第4节。——编注

1 [56]

谎言原本是道德的。人们借托畜群的意见。

1 [57]

为了好好聊天,一方找一个助产士帮忙形成自己的想法,另一方则寻求一个他能帮助的人。

1 [58]¹

在任何三人谈话中,都有一人都是多余的,而且因此阻碍了谈话的深度。

1 [59]

谁若不能使我们变得具有创造力,他对我们来说肯定会是无关紧要的。我们让谁成为具有创造力的,我们尚未因此而爱上他。

1 [60]

就像善人们想〈象〉伟大的人。反对他们的多愁善感。

1 [61]

构建理想,也即把自己的魔鬼改造为自己的上帝。而为此,人们必须首先已经创造了自己的魔鬼。

1　参看《查拉图斯特拉如是说》第一部"朋友"。——编注

1 [62]

一切善皆由一种恶变成。

1 [63]

追求大者,有理由在数量上拥有完美和满足感。有品质的人则追求小。

1 [64]

关于迄今为止被相信的全部价值的绝对冷却状态,是先于发热状态的。

1 [65]

我是 advocatus diaboli [魔鬼的辩护士] 和上帝的控诉者。

1 [66]¹

人是一种太不完美的东西。对一个人的爱会把我毁掉。

1 [67]

对同情之享受中的残忍。我们对他人了解和热爱得越深,同情就最强烈。因此,爱着的人若对自己所爱的人采取残忍之态,那他将最多地享受这种残忍。假如我们最爱我们自己,那么最高的同情之享

---

1 参看《查拉图斯特拉如是说》第一部"序言"第2节。——编注

受乃是对我们的残忍。**英雄的**＝此即追求绝对地没落于自己的对立面之中，就是把魔鬼转变为上帝：就是这种残忍程度。

I [68]

一个生命体的实存—条件 (Existenz-Bedingungen)，一旦表现为一种"应当"(Soll)，就是它的道德。

I [69]

就像魔鬼变成上帝。

I [70][1]

关于轮回哲学。

关于英雄的伟大之为准备者的唯一状态。
（力争绝对的没落，作为忍受自己的手段。）

意愿成为功能：女性的爱情理想。男性的理想是同化和征服或者同情（对受难上帝的崇拜）。

对他人意见的绝对冷漠（因为我们知道它们的

1　参看《善恶的彼岸》第129, 133节。——编注

大小和分量）：但作为关于自己的意见，乃是同情的对象。

我们可以不意愿一种状态，相反，我们必须意愿成为周期性的本质＝类似于此在(Dasein)。

我故意活出了某种宗教人物的全部对立面。我知道魔鬼及其上帝视角。

"善"和"恶"作为快乐和不快的感觉。不可或缺。但对每个人来说都是自己的恶。

没有找到通往自己理想之路的人，比完全没有理想的人生活得更轻率，更无耻。

伤害我们所爱的人——这是真正的暴虐行径。就我们自己而言，此乃英雄人物的状态——最高的强暴。力争进入对立面就是其中的一部分。

1 [71]

"唯心论者"作为正直和无畏的认识者的对立面。唯心论者的判断令我厌恶，它们是完全没用的。

乐于伤害他人，这不同于残忍，后者是享受同情；当同情达到最高时（当我们爱我们折磨的人时），残忍就有了高度。

倘若另一个人给我们所爱的人带来了痛苦，我们就会愤怒得发狂，同情就会是十分痛苦的。但我们爱他：我们伤害他。由此，同情就变成一种巨大的刺激：正是两种对立的强大本能的矛盾在这里发挥最高的刺激。

相互并在的自残与情欲是相同的东西。或者是服用鸦片之后最清晰的意识、沉重和僵硬。

一般问题：矛盾的感觉，也即一种二元性（Zweiheit），是如何发挥作用的？犹如相近的感觉，作为二元性？（减弱？）

最高的自我（Ich）之爱，如果它表现为英雄主义，它就伴随着自我毁灭的欲望，也即残忍（Grausamkeit）、自身强暴（Selbst-Vergewaltigung）。

那些热爱人类的人，对它伤害最深。

对所爱之人无条件的倾情奉献和欣然接受，渴望被虐待。奉献变成对自己的反抗。

另一方面，挚爱的人折磨爱人，享受自己的权力感，尤其是因为他在此过程中暴虐了自己：这是权力的双重行使。在这里，权力意志变成对自己的反抗。

ı[74]

自由精神作为现有的最虔诚的人。

ı[75]

上帝把上帝杀死了。

ı[76]

道德死于道德观念。[1]

ı[77]

虔信的人乃是宗教人的对立面。

ı[78]

生育的前提条件应当是一种意愿拥有所爱之人的形象和永生的意志：还有一块表示与她团结一致的纪念碑，实即通过一个新存在来争取团结一致的动力的完成。——此乃激情之事而不是同情的事。

1　注意此处"道德"（Moral）与"道德观念"（Moralität）之别。——译注

性交的崇高而诚实的形式,即激情的形式,它现在依然伴随着坏良心。而其最卑劣和最不诚实的形式则伴随着好良心。

维系婚姻的手段之混乱:女人相信自己宿命如此。实际上,一切都是普通的偶然,其他上百个男人对她也一样。她意愿服从:她为男人劳作,思忖道:"我都为你做了什么啊!"——但这不是为"你",而是为了某个恰好落入她的本能之中的人。——职业和日常劳作把配偶双方分开,因而保持着容忍度。——因为男人与女人早先没有经验到真正的友谊是什么,所以他们也不会对这种交往感到失望:他们既不了解爱情,也不了解友谊。婚姻是为矮小的半身人设计的。

虚荣的——被冒犯的

谨慎的——留心

非道德的——蔑视。

如果他不能以其他方式生活,他就会杀人。

33

如果他需要一个物件或者一个人 (婚姻)，他就会抢劫。

如果他为自己的目标之故而想要隐藏起来，他就会撒谎。

1[83]

正午与永恒

一种英雄哲学的草案。

1[84]

追求伟大的人通常是邪恶的人: 这是他们忍受自己的唯一方式。

1[85]

需要延续多久(多少个世纪)才能让人看清和照亮一种伟大之为伟大——这是我关于伟大的标准。迄今为止,所有最伟大的人可能都被遮蔽了。

1[86]

谁不再在上帝身上寻找伟大, 他就根本找不到伟大,他就必须否认伟大, 或者——创造——帮助创造伟大。

1 [87]1

在性爱方面的巨大期待败坏了女人对所有遥远视角的眼光。

1 [88]

英雄气概——这是为追求目标而完全不考虑自身的人的态度。英雄气概乃是力求绝对自我毁灭的善良意志。

英雄理想的对立面是和谐的全面发展的理想：一个美好的对立面，一个十分令人想望的对立面！但只是一个适合于善人的理想！

1 [89]

在所有人〈类〉交往中，核心问题只是怀孕。

1 [90]2

若有五个人一起说话，势必会有第六个人死掉。

1 [91]

所有姑娘都相信，一个男人只是因为再也得不到一个女人，才会与她结成友情。

1　参看《善恶的彼岸》第114节。——编注
2　参看《查拉图斯特拉如是说》第一部"邻人之爱"。——编注

1 [92][1]

谁若看不到一个〈人〉的高度，他就会太近地、以太过锐利的目光看这个人的低微之处。

1 [93][2]

如果天赋减退，那么一个人的全部道德特性就会变得更明显。

1 [94]

男人们被视为残忍的，但女人们亦然。女人们被视为感情丰富的，但男人们亦然。

1 [95]

呵，我是多么厌倦于悲剧的表情和言辞啊！

1 [96]

席林[3]:《西班牙语语法》，莱比锡，克罗克纳出版社。

1 [97][4]

如果枷锁不会断裂，

你就必须咬它一口。

1　参看《善恶的彼岸》第275节。——编注
2　参看《善恶的彼岸》第130节。——编注
3　席林(Schilling, 生卒年不详):《西班牙语语法》编者。——译注
4　参看《善恶的彼岸》第140节。——编注

偶尔，我对于善人们怀有一种极大的蔑视——他们的虚弱，他们不愿体验，他们不想看见，他们任性的盲目，他们在惯常和惬意中平庸地折腾，他们对于自己的"善良品质"的愉悦，等等。

1 [99]

希齐希[1]《大脑研究》柏林1874年。

"动物堕落"（Animal Depravity）（《科学季刊》1875年

第415—430页。

利林菲尔德[2]《关于社会科学的思考》。

1 [100][3]

Cosa bella e mortal, [凡人之美，]

passa e non dura!!! [过眼云烟，不会长久！！！]

1　希齐希 (Eduard Hitzig, 1838—1907年)：德国神经学家和精神病医师。——译注

2　利林菲尔德(Lilienfeld, 1829—1903年)：俄罗斯社会学家。——译注

3　参看弗兰齐斯科·彼特拉克 (Francesco Petrarca)：《雾凇稀疏》(Rime sparse)，第248页，第8行。——编注

I [IOI]

新哥伦布。
* * * *

我想去那里，而且从此以后
我相信自己和自己的一举一动！
大海无边无际：我的热那亚船
驶入一片蔚蓝之中。

* *

一切于我都是新的和更新的
我身后就是热那亚。
勇气！你自己掌握着方向盘，
最亲爱的维多利亚！

(1882 年夏)

I [IO2]

树说。
* *

我长得太孤独，太高大：
我等待：但我在等什么呀？

* *

天上云层的所在与我距离太短：
我期待着第一道闪电。

致理想。
· · · ·

可爱的幽灵啊，我爱谁像爱你一样！

我把你拉到身边，引入心里——从此以后

我几乎成了幽灵，而你成了肉身。

只是我的眼睛不听劝告，

习惯于观看身外之物：

你之于我，始终是永远的"我之外部"[1]。

啊，这眼睛把我带到了我之外！

1 [104]

《快乐的科学》。[2]
· · · · · ·
（圣雅努斯）[3]

这不是一本书：书有什么要紧！

这种棺材和裹尸布有什么要紧！

1　此处"我之外部"原文为 Außer-mir，或可译"在我之外"。——译注

2　据1882年7月至8月笔记本，载科利版第10卷，第35页。——译注

3　圣雅努斯 (Sanctus Januarius)：罗马神话中的门神、双面神，有前后两个面孔或四方四个面孔，是"开始"和"终结"的象征。雅努斯是罗马本土最原始的神，拉丁语"一月" (Januarius) 一词也源于此，进而演变成西方各国语言中的"一月"。——译注

书的猎物时代已成过眼云烟:

而在这里面,活着一个永恒的今天。

1 [105]

在群山中[1]。

(1876年)

不再回去? 也不上去?

连羚羊也无路可走?

**

于是我等在这里,牢牢抓住,

眼和手让我把握之物!

**

五尺宽的土地、曙光,

在我下面——是世界、人和——死亡。

1 [106]

致友谊。[2]

祝福你,友谊!

1　据1882年7月至8月笔记本,载科利版第10卷,第35页。——译注

2　据1882年7月至8月笔记本,载科利版第10卷,第35—36页。——译注

我那至高希望的

第一缕曙光!

啊,我常常觉得

道路和黑夜没有尽头,

一切生命

毫无目标,令人厌恶!

但我愿再活一次,

现在我从你眼里

看到晨光和胜利,

最可爱的女神啊!

1 [107]

词语。[1]

• •

我喜欢鲜活的词语:

它多么欢快地蹦跳过来,

乖乖地伸出头颈来问候,

虽然笨拙但也可爱,

有血有肉,纵情喘息,

然后爬往耳畔,哪怕是对着聋子,

---

1 据1882年7月至8月笔记本,载科利版第10卷,第36页。——译注

现在蜷缩起来，又扑扑振翅，

词语所作所为——让人赏心悦目。

然而词语还是一个温柔的造物，

时而患病但时而痊愈。

如果想要保住它的小命，

你必须轻柔而巧妙地把握，

不可粗鲁地触摸和压迫，

它往往就会死于凶狠的目光——

于是躺倒在那儿，多么畸形，

多么冷漠，多么贫困凄凉，

它小小的尸体严重变样，

被衰老和死亡肆意糟蹋。

一个死掉的词语——是一件难看的东西，

是一个瘦骨嶙峋的叮当叮当叮当。

呸，所有丑陋的行业，

都在自己的词语和言语上丧命！

[致莎乐美的陶腾堡笔记] [1]

1 [108] [2]

1.

追求伟大的人通常是邪恶的人；这是他们忍受自己的唯一方式。

2.

谁不再在上帝身上寻找伟大，他就根本找不到伟大，他就必须要么否认伟大，要么——创造（帮助创建）伟大

<3.>

[+++]

4.

在性爱方面的巨大期望败坏了女人对所有遥远视角的眼光。

---

1 参看《弗里德里希·尼采—保罗·瑞—莎乐美。有关三人相遇的文献》。——编注

2 普法伊费尔，第211页。——编注

5.

英雄气概——这是为追求目标而完全不考虑自身的人的态度。英雄气概乃是力求绝对自我毁灭的善良意志。

6.

英雄理想的对立面是和谐的全面发展的理想——一个美好的对立面，一个十分令人想望的对立面！但只是十分善良的人(例如歌德)的理想。

爱对于男人与女人来说是某种完全不同的东西。也许对大多数人来说，爱是一种贪婪；而对其他人来说，爱是对一个受难和隐藏的神祇的崇拜。

如果友人瑞¹读到这话，他会认为我发疯了。

怎么样？——陶腾堡从来没有比今天更美好的日子了。空气清澈、柔和、有力：就像我们所有人都应该是的那样。

衷心地

弗·尼(F. N.)

1　指尼采和莎乐美的共同朋友保罗·瑞 (Paul Rèe)，三人之间曾有奇怪的三角恋关系。——译注

关于风格学说。

* * * * * *

I.

首要的是生命[2]：风格应当是活的。

2.

就你想要与之交流的某个完全确定的人而言，
风格应当与你相适合。（双重关系定律。）

3.

人们首先必须确切地知道："我会这样那样地
言说和陈述这个"——在人们可以写作之前。写作
必定是一种模仿。

4.

因为写作者缺乏演讲者的诸多手段，所以他
通常必须以一种非常充满表现力的演讲方式为范
本：它的摹写，即写下来的东西，就必然会显得更加
苍白。

5.

生命的丰富性通过姿态的丰富性显露出来。人

* * * * * *

1　普法伊费尔，第212页。——编注

2　此处"生命"(Leben) 或可译为"生活"。——译注

们必须学会把一切——句子的长与短，标点符号，词语选择，停顿，论据的顺序——都当作姿态来感受。

6.

当心长句！只有那些在说话时能保持长久气息的人，才有权说长句。在大多数人身上，长句是一种做作。

7.

风格应当证明，人们相信自己的想法，而且不只思考之，而是感受之。

8.

人们想要传授的真理越抽象，人们就越是必须首先引诱感官去达到它。

9.

优秀散文作家在手段选择方面的技巧就在于，密切接近诗歌，但永远不会越界转向诗歌。

10.

预先替自己的读者提出比较简单的反对意见，这是不礼貌和不明智的。让读者自己去说出我们智慧的最终精髓，才是十分礼貌和十分明智的。

弗·尼(F. N.)

早上好，我亲爱的露！

I [110]¹

"是的，一个软弱的种类！"——男人这样谈论女人，女人也是这样谈论自己的：但谁会相信他们在听到相同的话语时想的是相同的事情呢？我们倒是让男人们来想想他们想要什么；当一个女人谈到自己的种类的弱点时，她通常是什么意思呢？——

感到软弱——这不只是这个种类感到缺乏力量，而倒是：感到一种对力量的需要。它寻求力量，它向外看，它想依靠，对于它可能依靠的一切，它都有触角，它也会热切地把自己包裹在不适合支撑的东西上，并且试图抓住它，是的，它喜欢在它之外的一切他者、陌异者的力量上欺骗自己——它相信自身之外的力量，在程度上就像它相信自身内部的弱点一样。感觉软弱到了极点，这种软弱感简直处处都能找到力量，并且把力量注入它所接触到的一切"自身之外"：如果眼睛要反驳，那么眼睛就会——被闭上！

实际上，这是软弱的种类所处身的状态，不仅与

---

¹ 普法伊费尔，第214页。——编注

她周围的男人有关，而且也与宗教和习俗有关：软弱的女人相信她不可能在毫无支持的情况下站立，并且受到支撑，改变在她身上或者精神上所围绕的一切——她不想看到这一切到底是什么，她不想检验它赖以穿过河流的栏杆是否真的保持着，她相信栏杆，因为她相信自己的软弱和恐惧。这样一个女人所依靠的东西，在任何情况下都不是被认识的力量，而是被预期、想望和虚构的力量：她的软弱感越强，她就越是想要在给她以"支持"的东西那里感受更多的力量。最软弱的女人会把每一个男人变成神明：同样会把每一条风俗和宗教的戒律变成某种神圣的、不可侵犯的、终极的、值得崇拜的东西。很明显，对于宗教的起源，软弱的种类比强大的种类负有更重大的责任。而且，就像女人们一样，如果人们不理会她们，她们就会从自己的软弱出发，不仅不断地创造出"男人"，而且也创造出"神明"——可想而知，这两者彼此相似——：都是力量之怪物！

关于女人。

1. 女性的判断力与女性关于其判断力的信仰（迷信）。

2. 女性〈的〉情绪判断，

   个别德性和恶习，

3. 女性〈的〉判断，关于

   男人与女人，

   国家与自然，

   工作、休闲等等。

4. 女人隐瞒了现实的什么。

5. 女人在哪里觉得自己有必须断定，她认识的非现实性其实是现实的。

6. 女性情绪的节奏

7. 照顾孩子，部分是回归性的和阻碍性的，部分是太过非孩子气的（女性〈的〉理性主义）

   在何种意义上女人把男人当作孩子来对待。

8. 在何种意义上女人会诱使别人对自己产生好感，并且仍然向这种观点低头（犹如向一种权威低头）

---

1 普法伊费尔，第215页。参看《善恶的彼岸》第139节。——编注

9. 被女性当作非女性化的东西来感受的东西的历史，——视民族和风俗状态而定。

10. 女性〈的〉对某种至高的女性〈的〉德性的信仰，它必须在此存在，才可能获得某种更高的女性本性——以及这些"至高的德性"的实际〈的〉交替。

11. 关于完美和本质之完成的感觉,例如在服务、服从之时

12. 怀孕作为基本条件,随着时间的推移,逐渐确立了女人的本质。所有女性的思维方式和行为方式与此的联系。

13. 否认、摧毁、孤独、战斗、蔑视、报复: 为什么女人在这一切上比男人更野蛮,等等,等等,等等。

1882 年夏至秋笔记 *

2 [1]¹

弥勒佛²

2 [2]

卡鲁斯³**,《比〈较〉较心理学》**

2 [3]⁴

沃格特⁵ 1918⁵

林道⁶ 1877²

维尔布兰特⁷ 1876¹

---

1 "弥勒佛是将在遥远的未来出现在世上的下一尊佛,在佛陀关于弥勒佛的一个预言中有言:'就像现在我是数百个信徒团体的领袖',他［弥勒佛］将是十万个信徒团体的领袖'(《转轮圣王师子吼经》［Cakkavatti-suttanta］)。"奥尔登伯格 (Oldenberg, Hermann):《佛陀,其生平、教义及僧团》(*Buddha. Sein Leben, seine Lehre, seine Gemeinde*),柏林,1897年,第162页注1(在尼采藏书中是1881年版)。——编注

2 弥勒佛(Metteyya):弥勒菩萨,也叫弥勒菩萨摩诃萨(梵文 Maitreya,巴利文 Metteyya),意译为慈氏,音译为梅呾利耶,在大乘佛教经典中,常被称为阿逸多菩萨摩诃萨,是世尊释迦牟尼佛的继任者,未来将在娑婆世界降生修道,成为娑婆世界的下一尊佛(也叫未来佛)。——译注

3 卡鲁斯 (Carl Gustav Carus, 1789—1869年):德国自然研究者、哲学家。——译注

4 似乎是根据一个书目做的笔记。——编注

5 沃格特(J. G. Vogt):未查明,应为物理学家,著有《力。一种实在的一单子论的世界观》。——译注

6 林道(Paul Lindau, 1839—1919年):德国作家。——译注

7 维尔布兰特 (Adolf von Wilbrandt, 1837—1911年):德国作家。——译注

特选者的道德或者自由的道德。

我们作为生命的保存者。

不可避免地产生对生命的蔑视和仇视。佛教。欧洲的活力将促使群众自杀。为此：我的轮回理论乃是最可怕的重压。

如果我们不能保存我们自己，那么一切都会完蛋。通过一个组织[保存][1]我们自身。

生命的朋友。

虚无主义作为小序曲。

哲学的不可能性。

正如佛教造成非创造性和善好，欧洲也受其影响：疲惫！

善人，此即疲倦。

和解，此即疲倦。

道德，此即疲倦。

好的伦常（例如婚姻）此即疲倦。

反对理想主义者。

---

[1] 方括号中文字为译者所加。——译注

到来之物。

向着虚无的真正追求。

有关与其存在不如不存在[1]原则的战争。

(A)

道德的第一结论：生命是要被否定的。

道德的最终结论＝道德本身是要被否定的。

(B)

所以：第一结论就失效了

　　　自私自利的释放，

　　　恶的释放，

　　　个体的解放。[2]

新的善（"我意愿[3]"）与旧的善（"我应当"）

艺术的解放，作为对无条件的认识的拒绝。谎言的赞扬。

夺回宗教。

1　"与其存在不如不存在"原文为：Besser-Nichtsein-als-Sein。——译注
2　在此上下文中的"释放"和"解放"是同一个词，即 Befreiung。——译注
3　此处"我意愿"(ich will) 也可译为"我要"。——译注

(C)

通过所有这些解放，生命的魅力增长了。它最内在的否定，即道德的否定，被消除掉了。——由此开始了没落。野蛮的必然性，例如连宗教也属于此。人类必须在循环(Cyklen)中生活，唯一的延续方式。并非文化尽可能地久长，而是尽可能短暂和崇高。——我们在正午：时代(Epoche)。

(D)

在文化史上，什么决定了崇高之物的高度？魅力最大的那个瞬间。衡量的尺度是，最强大的思想是否被忍受，实即被热爱。

2 [6]

到来之物。

一个预言。

A. 道德的自我战胜。

B. 解放。

C. 没落之中心和开端。

D. 正午的标志。

E. 自愿的死亡。

2 [7]

查拉图斯特拉说，只要你是太阳底下最聪明的动物——你就会知道，什么使一颗心强壮——我聪明的心啊——我不知道它。还有你这鹰啊，你是太阳底下最骄傲的动物，收下这颗心吧，把它带往它渴望前往的地方——骄傲的心啊——我不知道它。

2[8]

没必要大肆说谎的〈人〉，以他们说谎少而自豪。

2[9]¹

向我宣告你们的动物吧：太阳已经在正午了吗？那被叫作永恒的蛇已经蜷曲起来了吗？查拉图斯特拉变瞎了²。

现在一切都为我带来死亡。谁意愿成为我的命运？我爱任何一种命运。查拉图斯特拉有福了！

查拉图斯特拉再也不知道什么了，查拉图斯特拉再也猜不出什么了。

1　参看《善恶的彼岸》第103节。——编注
2　向我宣告你们的动物吧：太阳 [不是] 已经在正午了吗？那 [所谓][被叫作] 永恒的蛇 [不是] 已经 [在其光明中] 蜷曲起来了吗？[在其光明中？于是到了查拉图斯特拉的时刻。] 查拉图斯特拉变瞎了。——编注

总是归还：不接受任何赠予，除了表彰和标志，即，我们从中认出其他人物中的热爱者，并且通过我们的爱来加以补偿。

道德剥夺人类，因为它对人类做了如此糟糕的利用：而且，道德强加给他们一种冷酷的情感——"你应当"(du sollst) ——严苛地——

信奉某事，例如"我愿公正"。只有一种罪：胆怯。

爱的贫乏乐于把自己装扮为值得爱的人的缺失。

由于爱情，男人寻求无条件的女奴，女人寻求无条件的苦役——爱情是对一种过去的文化和社会的渴望。

对于一个拒绝成为带头羊的独立之人，道德人怀有一种怀疑，仿佛他是一只四处出没的食肉动物似的。

2 [16] [1]

当磁〈铁〉不能完全吸住铁块时，铁块就会恨磁铁。

2 [17]

我们最恨的不是阻碍我们被爱的东西，而是阻碍我们全身心去爱的东西。

2 [18] [2]

谁若对自己毫不隐讳，他就会发怒。

2 [19]

"不幸者啊，你的上帝已经被炸裂和打碎了，群蛇藏身在他里面。而现在，还是为上帝之故，你自己爱上了这些蛇。"

2 [20] [3]

我们不愿受我们的敌人保护——同样地，我们也不愿受我们深爱的人呵护。

2 [21]

小心提防这个人：他说话只是为事后能被听

1 参看《查拉图斯特拉如是说》第一部"老妇与少妇"。——编注
2 参看《查拉图斯特拉如是说》第一部"朋友"。——编注
3 参看《查拉图斯特拉如是说》第一部"战争与战士"。——编注

到: ——而且, 你听, 实际上只是因为不断地说是不合适的——也即说, 你听得差而他听得好。

2 [22]¹

肉欲这只母狗想要一小块肉, 它竟然懂得听话地乞讨一小块精神。

2 [23]

她从不会给予, 她甚至不会报答——她只会反驳。

2 [24]

有给予的天性, 有归还的天性。

2 [25]

真正公正的人是不馈赠的——他们归还一切。

2 [26]²

在一种知识的传达中总归有某种泄露。

2 [27]³

在所有的书写中皆有无耻。

1　参看《查拉图斯特拉如是说》第一部"贞洁"。类似的想法见于莎乐美同时期的札记中; 参看普法伊费尔, 第208页239条。——编注

2　参看《善恶的彼岸》第160节。——编注

3　参看《善恶的彼岸》第161节。——编注

中文

2 [28]¹

谁若热爱上帝,就责罚上帝。

2 [29]

肤浅之人总是不得不说谎,因为他们毫无内涵。

2 [30]

教育: 也就是教人在任何情况下都说谎。

2 [31]

一旦理解了自己总在说谎,诚实者就完蛋了。

2 [32]

谎言不只是违背自己的知识说话, 而且是违背自己的无知说话。

2 [33]²

屈服于不公是比保持正义更高贵的。

2 [34]

谎言乃是认识者的博爱。

2 [35]

自杀。

---

1 参看《查拉图斯特拉如是说》第一部"序言"第 4 节。据《新约·希伯来书》12: 6; 也可参看《旧约·箴言》13: 24;《新约·启示录》3: 19。——编注

2 参看《查拉图斯特拉如是说》第一部"毒蛇之咬"。——编注

2 [36]

公正 (*Gerechtigkeit*) 只可能针对事物。

2 [37]

我们的作用乃必要的欺瞒 (*Täuschungen*)。

2 [38][1]

被瓜分的不公是半拉子的正义 (Recht)。

2 [39][2]

第200页《人性〈的〉，太〈人性的〉》

第77页《曙光》

第167—168页《快〈乐的〉科学》

2 [40]

如果人们只是为上帝之故而爱人，就有恐怖的结论。

2 [41][3]

"但你怎么能这样做呢？"一位朋友对一个十分聪明的人说——"这是一件蠢事嘛。""这对我来说也够难的了。"那个人回答说。

---

1 参看《查拉图斯特拉如是说》第一部"毒蛇之咬"。——编注

2 关乎下列警句：《人性的，太人性的》第237节"文艺复兴与宗教改革"；《曙光》第88节"路德这个大行善者"；《快乐的科学》第149节"宗教改革的失败"。——编注

3 参看《查拉图斯特拉如是说》第四部"驴子节"。——编注

2 [42]

谁若想上升到最后的认识，他就必须抛弃真诚性。认识的篱笆完全不能从道德观念(Moralität)出发来攀登。

2 [43]

"为了认识的生活"[1]，这种想倒立的意愿也许是某种癫狂——但如果这是一种快乐的标志，那么，那也是说得过去的，就像一头〈试着倒立的大〉象看起来并不坏。

2 [44][2]

为一种好名声，人们通常付出太多了：也即付出了自身。

2 [45]

智者的危险在于，他爱上了非理性。

2 [46]

对女人的爱！如果这种爱不是对一个受难的上帝的同情，那它就是对于在女人身上隐藏的动物的本能。

---

1 此句原文为："Das Leben um der Erkenntniß willen"，或译为"为认识之故而生活"。——译注

2 参看《善恶的彼岸》第92节。——编注

2 [47][1]

一个人物的试金石不在于他是如何爱的，而毋宁说，当他知道自己被爱时，他所有的卑鄙或者崇高都会显露出来。

2 [48]

与赞扬相比，我更多地惊奇于谴责；与谴责相比，我更多地蔑视赞扬。

2 [49]

道德〈的〉愤怒乃是最阴险的复仇方式。

2 [50]

我只喜欢一个胜利者脸上的同情。如果这些样子令人痛苦的可怜人物竟还装出同情的面容，- - -

同情可能是某种适合于诸神的东西，但一个英雄理当对他身上的哀伤和痛苦感到快乐。

---

1 参看《善恶的彼岸》第79节。——编注

1882年11月至1883年2月笔记 *

4[1]

我们正面临着最大的兴奋——在它的背后是反弹！对虚无的渴望！——而我们既不想在这种兴奋中也不想在这种渴望中毁灭——我们是生命之友。

4[2]

在所有在世和曾经在世的欧洲人中，我拥有最广阔的灵魂：柏拉图、伏尔泰－－－这取决于诸种并不完全属于我，而属于"事物本质"的情况——我也许可以成为欧洲的佛陀：这当然会是印度佛陀的一个反面。

4[3]

所有初次邂逅都要有运气和某一种好的预兆 (Vogelzeichen)。

4[4]

流传着一种错误的言论："不拯救自己的人，〈他〉怎么能拯救别人？"如果我有你的锁链的钥匙，为什么你的锁和我的锁必须一样？

在战争中你们是神圣的，而且在你们杀人放火时也是。

他们称自己穿的衣服为"一种制式"(Ein-Form)：他们用它遮盖的东西则是制式单一(Einför-migkeit)。

你们将要再次入睡——并做个更好的梦。

这种残忍坐落在我的五脏六腑中。你们瞧，我是邪恶的。

你们说：是事业让战争神圣？是战争让事业神圣！

畜群(Heerden)一点儿也不好，即便他们跟着你跑。

牧人是畜群的一个镀金工具。

4〔5〕

即使在最智慧的人身上，理性也是例外：混乱、必然和星辰旋涡——这乃是规则。

人们必须把死亡做成庆典，同时对生活有点恶意: 一个女人, 她想要离开我们, 我们!

至于英雄, 我并不觉得他们多好: 毕竟: 因为当人别无选择时, 这是最可接受的此在方式。

4 [6]

我们两个都有一些东西给彼此: 你的是情绪, 我的是理由。

我用我自己的毒药为我的缺陷做香膏。

我挤你乳房的奶, 亲爱的苦难!

世上曾有许多神人: 而每个神人都曾创造他的神。

世上没有比神人与他们的神之间更为愤怒的敌意。

兄弟们, 我已经暴露自己: 我不以赤身露体为羞耻。

渴望超越动物而加入人类行列的恶魔, 羞耻是它的名字。

信仰查拉图斯特拉与否, 人们自由决定: 这于查拉图斯特拉有何要紧？

4 [7]

半神。

英雄。

男人。

小孩。

我其实是动物伙伴 (Mit-Thiere) 的一个志同道合者。

4 [8]

我来帮助你们——而你们抱怨我不愿跟你们一道哭。

4 [9]

我早就知道：像我母〈亲〉和妹〈妹〉这样的人，一定是我的天敌——这无可奈何：原因在于事物的本质。和这样的人在一起会污染我的空气，而且我必须多多自我克服。

4 [10]

致男人们。这是关于神圣的教义。

致女人们。善恶的彼岸。

致孩子们。中午和永恒。

查拉图斯特拉在动物们当中。七种孤独。

4 [11]

我或许已经毁于我的任何一种个别情绪了。我总是把一种情绪与另一种情绪对立起来。

4 [12]

对我来说不应存在任何我厌恶或者仇恨的人。

4 [13]

"一个人独自生活像梵天；两个人生活像神；三个人生活像在村庄中；人更多的地方，则是喧闹和骚动。"

你不要像人对动物那样讲话，你们说，－－－

我最强大的品质是自我克服。但我也最需要它——我总是在深渊边缘。

我演讲，孩子玩耍：人们还能比我们俩现在的样子更认真吗？

4 [14]

我还不够伟大到不拥有这些感受：但我已足够伟大到不为它们感到羞耻。

4 [15]

活着的人中，没有人可以赞扬我。

对男人来说"我想要"对女人来说"我必须"

我属于暴躁、淫乐和信仰狂热之人的世代——我自己几乎都忘了。

4 [16]

道德被自由思想 (Freigeisterei) 推向顶峰并克服掉。

我对男人演讲，查拉图斯特拉说——叫女人走开。[1]

4 [17][2]

愚人如是说：给新的精神带去旧的祭品，用新的身体改造旧的灵魂。

鲜血不能论证；鲜血也不能拯救。我不喜欢那些厌世者，－－－

---

[1]　就像苏格拉底，参看柏拉图《斐多篇》60a。——编注

[2]　参看《查拉图斯特拉如是说》第一部（应为第二部——中译者）"教士们"。——编注

4 [18][1]

最好的男人是恶的,最好的女人是坏的。

这是对牧人和畜群的爱, 它创造了现在作为善和神圣的利益:

这是对孩子和种族的爱: 这种爱乃是对博爱的亵渎。

出于爱, 他们创造了善与恶: 而且并非出于聪明,因为爱比聪明更古老。

博爱所要求的东西曾经是有益的: 还有, 谁的爱是最强大的爱,畜群就为自己把他造就为牧人。

渺小的还有邻人之爱, 它蔑视自我: 而且畜群高于一切。

4 [19]

我尊敬所有的⟨人⟩,我只蔑视法利赛人[2]。

---

1 参看《查拉图斯特拉如是说》第一部"老妇与少妇"。——编注
2 或译为"伪善者"。——译注

4 [20]¹

一天早上，查拉图斯特拉登上一座山：当他独自一人时，他如是夸耀自己：你，我的书，－－－

人类没有目标：它也可以给自己一个目标——不是针对结局，不是保存物种，而是扬弃它。

而所有民众都应说：这个罪犯是神圣的。

创造者 (认识者)，传达者 (艺术家)，简化者 (热爱者)。

忍受我的德性! (作为一种优势力量)。

国家和社会对某些人来说并非必需: 但他们必须忍受它们，并尽可能回避。

爱无能者的节俭。

---

1 参看《查拉图斯特拉如是说》第一部"序言"第5节;"千个与一个目标"。——编注

4 [21]

一个阴森可怕和默默无闻的目标。

4 [22]

(有一天，查拉图斯特拉夸耀他自己并如是说)

他们必须结合三种品质：真实，愿意并能够传达自己，以及共同知道（合一）

神圣自私自利之信徒

抑或三者之一

抑或只能是三者的一种手段。

他应当说：我是邪恶的，我得到邪恶力量。

让每个人都把自己的存在作为计划之目的。

迄今为止没有任何目的：来，那我们就给自己拿一个。

演讲，以利于：虚荣的人、残忍的人等等。

最高的乐趣：我们必须的，也是我们想要的。

也就是说,把自己纳入伟大的计划之中。

4[23]

一切创造都是传达(Mittheilen)。

认识者、创造者与热爱者是一体的。

4[24]

轮回的一千个公式(乃是威胁)。

4[25]

超人的诞生。

4[26][1]

善人作为必然的法利赛人。

这里也有一种诸如宗教人和信徒之间的对立。

善之创造者的对立面在善之维护者身上。

一个人获得勇气将他的恶感受为他的善的时间点,例如基督徒感受其"懦弱"。

4[27]

善人现在几乎没有价值。

关键在于有宗教意志的恶人! 而且一直都是

---

1 参看《善恶的彼岸》第135节; 5[1]56;《善恶的彼岸》第116节。——编注

76

这样!

如果我想要活着，我必须是个天使: 你们没有这么苛刻的条件。

让你们的启蒙同时也是一道曙光。

犯罪中的谬误。

人们称作好的不是愉快的感觉——而是完整的强大的状态

他们曾经崇拜的东西让他们热血沸腾。

你们要再次重新确定你们的需要 (Noth): 已经存在的东西对你们来说叫作必要 (Nothwendig-keit)。

住在阿尔卑斯山最高峰山脚下的人，看不到山顶: 原谅－－－

4 [31]¹

人们也会因自己的德性而受到惩罚。

4 [32]²

当人们出于爱而吞掉其救世主时，他们称之为爱的盛宴。

鲜血和对理由的畏惧建立了教会。

4 [33]

但是关于真正信仰的信徒，你怎么不谈点什么呢？你的沉默是什么意思呢？——查拉图斯特拉笑了笑，只说了句"向被征服者致敬！"

4 [34]³

如果同情没有坚硬的外壳可以突破——

我预设同情：残忍是一种大脑和神经疾病。

只有在人们有弓和箭时，人们才能沉默：否则人们会闲扯和——争吵。

1 参看《善恶的彼岸》第132节。——编注
2 参看《查拉图斯特拉如是说》第二部"教士们"。——编注
3 参看《查拉图斯特拉如是说》第一部"朋友"；"战争与战士"。——编注

我想带走世界它那令人心碎的特征

4〔35〕

不是上帝的手指压住了你的喉咙。据说，上帝曾经走到垂死之人面前：然后他感到痛苦和毛骨悚然。

4〔36〕[1]

演员少有精神的良知：他信仰他借以让人最坚信不疑的东西。

只有新价值的评估者和发明者才是创造者：世界只围绕着他们转。把新价值打造成信仰的人，却被民众称作"创造者"——

4〔37〕[2]

谁若看到一个人的低劣品质，他通常也有一种对这些品质的占有力，并使之释放出来。

作为创造者，你逃离你自己——你不再是你同时代的人。

---

1 参看《查拉图斯特拉如是说》第一部"市场上的苍蝇"。——编注

2 参看《查拉图斯特拉如是说》第一部"市场上的苍蝇"；参看《善恶的彼岸》第119节。——编注

对污秽的厌恶会如此之大，以至于它阻碍我们清洁自己。

傻瓜想要拥有比好的更好。

4〔38〕[1]

我必须做些什么才能快乐呢？你要快乐点并做你必须做的事。

人们慢慢喜欢上某个东西：而如果人们几乎不是从心底里爱它，那么那个暴君，即更高的自身（Selbst）会对我们说："就要把这个作为祭品给我！"——我们把它给了它。

我建议的不是工作，而是斗争——我建议的不是和平，而是胜利。你们的工作应当是斗争，你们的和平应当是胜利。

我把你们从睡梦中唤醒，因为一个噩梦在压着你们。而现在你们说："我们现在该怎么办！万物

---

[1] 参看《查拉图斯特拉如是说》第一部"战争与战士"；"老妇与少妇"。——编注

都已入夜。"——你们这些忘恩负义的人!

女人身上的一切都是谜——女人身上的一切都只有一个谜底: 孕育。

如果你想要轻松地拥有生命, 那就始终与畜群待在一起。忘掉自己高于畜群! 去爱牧人, 并且尊重其猎犬的全副牙齿!

如果你知道如何吠叫和咬人, 那么——那就当群氓之犬吧: 这样你会让自己生活得轻松。

我知道所有的善和所有的恶: 我也知道在善恶的彼岸的东西。

善恶是上帝的偏见——蛇说道。但蛇也是上帝的一个偏见。

教会是神人墓前的石头: 它希望神人不再复活。

我爱自己如同爱我的上帝：谁能指责我有罪呢？我只知道对我的上帝的罪：但谁知道我的上帝呢？——

4〔39〕

正午与永恒。

查拉图斯特拉

如是说。

4〔40〕

是什么让我活下去？孕育：而每当作品问世，生命就悬于一线。

我把自己藏了起来。我想对他们隐瞒我的厌恶，这些小家伙们。这对我来说最为困难：但他们是无辜的，就像青草和香草。

人们总是只为自己的孩子孕育。

你们说"这很黑"。我为你们把一片云放在太阳前。但是你们看，云的边缘是如何发光并变亮的！

你们不要看太阳！月亮对你们的夜视之眼来说还是太亮了！

你们应当热爱作为新战争之手段的和平！

在战争中复仇沉默不语；在战争中个人〈之事〉死去。

4〔41〕

谎言和伪装——所有教育的手段。

我应当以一种可怕的方式消遣什么呢？

"你已经胜过我了"注意，让我是你的翅膀而不是绊脚石！

4〔42〕

从前有一位古老正直的上帝；他有手有脚，还有一颗心：他的内心有许多愤怒和爱。

瞧，爱捉弄了他，他爱上了人类：于是这爱变成了他的地狱。

这位古老正直的上帝做了什么？他说服一个人类女子为他生一个儿子：而这位上帝之子无非是建

83

议人类:"爱上帝！就像我爱他一样！善人和义人于我们上帝之子何干！"

就像一个嫉妒的人,古老正直的上帝用他的爱追逐人类。

你们相信他成功了吗? 从长远来看,他恰恰说服了那些他不喜欢的人,那些善人和义人。

他们自称"教会"和选民:并且大谈他们对上帝的爱——这些爱的贫乏者!

此时,古老正直的上帝心碎了:他的情况和他的儿子一样:他死在同情的十字架上。

真的,这些善人和义人会败坏生命的快乐,而不仅会败坏古老正直的诸神。

"三样东西应当永远与我们同在——他们总是这样说——真理、金钱和德性:所以我们爱上帝。"

"我们是选民,而且是尘世上最超越尘俗的人。"

4 [43]¹

我们最喜欢做的事情,我们希望它被视为对我们来说最困难的事情:面对我们自己也是如此。

---

1 参看《善恶的彼岸》第143节。——编注

我们的牺牲只能证明，当我们热爱某物时，每样东西对我们来说都多么没有价值。

道德的境界和追求只是知识的手段，非道德的亦然。

认知中的乐趣是一种极其强烈的信仰。如果一个人没有做到这一点，那么就有一种对刺激的认知意愿，例如作为对安全感或新奇感的渴望，或者对有待发现的值得渴望之物的渴望。

因为认知者只谈论认知，那么这里就有很多欺骗——他们有兴趣使之显现为最有价值的状态。

认知的爱好者！你甚至还没为了熟悉这种感觉而杀过一个人！

对必然性的完全认知将废除所有"应当"——但是也将理解"应当"的必然性，作为无知的结果。

4[44]

像一个大象试图用头倒立时一样快乐。

你没有勇气迷失自己并走向灭亡：所以你永远不会成为一个全新的人。今天对我们来说是翅膀、颜色、服饰和力量的东西，明天将只是灰烬。

婚姻也许适合那些既无能于爱情也无能于友情的人——也就是说，适合绝大多数人——或许也适合同时胜任二者的极少数人。

4[45]

还有另一种德性，一种追求回报的德性，它想要得到丰厚的报酬，在此处或在彼处，并称之为"正义"。

你们这些赠予式德性的朋友啊，让我们跳舞嘲讽一切追求回报的德性吧。

但是你们还没有从我这里学到：如何跳嘲讽舞。

4[46]

对我们来说是热、光、声或天体的投掷的东西——对不同于人类感官的其他感官来说，〈它〉可能是别的东西：但绝不会是善良、智慧或爱。

邻人之爱。当利益是齿轮装置时。

在你们周围是蜕化的感官，以及"一切皆并非不得已"

群体(而非畜群)

它的克服

律例(*Tafel*)

艰难的

我的动物对我来说没有 [—][1] 乐意 [—] 伴送。

解释 1) 第一因的谬误，构想一个作为对立面的神(———

你的生命虚度了：你就像一个宫廷佞臣。

你们的贫穷和清醒向天呐喊

让一道闪电用它的舌头舔你们！

1　表示不可读的词。后同。——译注

2　参看《查拉图斯特拉如是说》第一部"序言"第 3 节。——编注他们把一支炽爱之箭射向太空。

可悲的不是人的无知: 可悲的是人!

科学只不过是作为一种苦修。

利用偶然——模糊性作为多种生活类型的条件——因此对本质漠不关心

你们这些狭隘的灵魂怎么可能动脑子思考呢?

4 [50]

你们不要激动! 他们在拿走你们的钱! 而且有一些更重要的东西, 更贫困的人也可以获得它们。耶稣作为不要钱的祭品!

4 [51]

精神的苦修主义作为创造的准备。有意使创造性本能贫乏。

4 [52]

有些说教者: 他们教人受苦。他们为你们效力, 尽管他们仇恨你们。

88

我对你们不像对民众那样讲话。对他们来说，最高的是蔑视和毁灭自己；次高的是蔑视和毁灭彼此。

4［53］

每一个结果都伴随着一个结果——这种对因果关系的信念在最强烈的本能中占有一席之地，即在复仇本能中。

不要混淆：演员不被赞扬就会崩溃，真正的人不被爱就会崩溃。

演员的对立面不是诚实的人，而是秘密的、自我欺骗的人。

（大多数演员恰恰在他们中间）

4［54］

"善中有英雄，恶中亦有英雄"——在拉罗什富科的口中，这是完全的天真之言。

见而不信是认知者的基本德性。

普通人在努力不认知自己的时候，是非常精巧和狡猾的。

在德〈国〉，意愿远远比能力更受尊重：它是不完美者和自命不凡者的适宜之地。

4 [55]

天真人士的相貌是一种肉欲，如果他是一个自然的人且拥有精神。

机智的人通常是简单而不复杂的人。

迷宫。

迷宫般的人从不寻求真理，而总是只寻求他的阿里阿德涅（Ariadne）——无论他会告诉我们什么。

4 [56]¹

一个〈人〉让我们感到舒适，我们将此归功于他的和我们的道德性。

对所有道德价值的怀疑是一个征兆，表示一套新的价值律例正在形成。

当人们也不再为自己的恶而感到羞耻时，这是理智品味的一个进步。

1　参看《查拉图斯特拉如是说》第二部"大事件"。——编注

没有准备好短语来贿赂他的哲学——

蔑视我之所为，蔑视我之所是。

教会不过是一种欺骗成性的国〈家〉。

雄性动物对它所爱的东西很残忍——不是出于恶意，而是因为在爱中它对自己的感觉太强烈了，根本不再剩下对他者感觉的感觉。

4〔57〕

贫于爱的人，甚至吝啬于其礼貌。

在荣誉问题上，女人粗鲁而笨拙。

要想拥有一个朋友，就也必须想为他而战，也就是说，必须能够成为敌人。

．．

他们今天有待人友善的良好意志：但他们在这方面是多么贫乏，多么缺乏创造！

我在哲学人中区分出两个种类：一类总是考虑

自卫,另一类总是考虑攻击其敌人。

英雄是欢快的——这让悲剧诗人不悦。

在嘲讽型的人身上感情很少流露出来，但总是非常响亮。

令人惊讶的是，即使感性也能被爱情引诱到何等愚蠢的地步,感性是如何失去了所有的好品味,而且一旦爱情劝说它,它就把丑称为美。

4 [58]

所谓的可爱之人懂得找给我们爱的零钱。

所有还没有忘记如何消化自己经历的人，也没有忘记消化时人的慵懒: 他们因此感到愤慨，在这个匆忙和熙攘的时代。

对女人来说有一个独一无二的光荣点; 女人必须相信爱人甚于被爱。超越这个点，卖淫马上就开始了。

对她不爱的人残忍。

求自身的意志 (Wille zum Selbst)，即自私自利是求快乐的意志的一种精细的且较晚发展出来的特质：只要这种求快乐的意志是一个自身(Selbst)。

"你"比"我"更古老而且也还存续在我之中。

"我"——这是一个以世界的可思考性为目的的辅助假设——就像物质和原子一样。

4 [59]

一旦聪明对我说："别这样做，你会被解读为道德败坏"——我就总是反其道而行之。

一个坏名声

功利 (Das utile) 只是一种手段，它的目的无论如何是甜美(das dulce)。功利主义者是愚蠢的。

他们不爱我：这是不祝福他们的理由吗？

瞧！现在世界恰好变得完美。

愿你在轻软的土地中安息 (sit tibi terra levis)：如果想让一个人在德国过得幸福，那么就祝愿他发觉土地相当重硬。

基本形式

这或许是无法忍受的：因此以下对生活的简化是必要的。

远离善恶！

尽可能对自己满意！

悲剧的人回归！

保护强烈的情绪！

拯救多重性的人。

不要以不同的方式行动，而是以不同的方式思考自己！

崇高者的虚荣！

反对英勇者的残酷。

所有这些对生活的改善方式都是无用的，因为诸种价值观念没有改变，例如健康。

反对"太快的人"。

94

应当消灭小贼、小诽谤者、小阴险者和诋毁名誉者——而不是杀人犯

不应当对蚊子和跳蚤怀有同情。

卑鄙可怕的人。

应当爱护森林,应当体谅恶人。

认知者有财产吗？真的，我忘记了——还是我荒疏了？

我们的邪恶情绪也有良心而且会发怒，当它们让自己被克服时。

良心是个腹语者,当它说话时,我们不再相信它的声音来自我们。

宗教想要让人们快乐,用"我必须"取代"你应当"：它想要让人摆脱人类在道德上的不可能性。

现在我是正义 (gerecht) 的——在许多情况下意味着"现在我报仇了 (gerächt)"。

把自己的偏好和厌恶解释为自己的义务，是"善人"的大不洁净。

不幸的求爱者被他的自尊劝说道，心爱的人不值得被他爱。但一个更高的自尊对他说："没有人值得被爱。——你只是不够爱她！"

4 [65]

不幸的求爱者其不幸不是通过爱的回报而结束，而是通过更多的爱。

如果我们想摆脱一个人，我们只需要在他面前让自己变得渺小——这会立即影响他的虚荣心，他会逃跑。

只要你还受到敌视，你就还没有超越你的时代——它根本不可以有能力看到你，你应当对它来说如此高高在上、如此遥不可及。

4 [66]

查拉图斯特拉被接受的越少，他付出的就总是越多。

"我很吝啬——你们唾弃我是对的！"

根据其慈善程度对主题排列顺序。

他被放逐。

4 [67]¹

在大多数情况下，征服一个人的情绪意味着暂时抑制和堵塞它：也就是说，使危险更大。

驱使大多数人把一个受难者从危险中解救出来的，并不是同情，而是勇气和危险。

较之于博爱，蛮勇做出了更多伟大的举动。

首先人让世界变得可以想象——我们仍在这样做——：而一旦人理解了这个世界，他就觉得它从此是他的作品——啊，现在他必须爱他的作品，像每个创造者一样！

只要有男人，他们就都是在战争和狩猎中得到训练的：因此男人现在热爱知识，以之为战争和狩猎的最大机会。在一般知识上，女人也可能热爱些

1　参看《查拉图斯特拉如是说》第一部"战争与战士"。——编注

什么，但一定是某种别的东西－－－

4〔68〕

人们从自己对一个人的恼怒中想出道德上的愤慨——然后佩服自己：从对其仇恨的厌倦中想出宽恕——并再次佩服自己。

当一个人拥有足够多的真相后，就不再需要谎言来与人交往：用这些真相就可以随心所欲地欺骗和引诱他们。

4〔69〕

认知者的最高勇气并不表现在他引发惊奇和恐惧之处——而是表现在非认知者觉得他是肤浅的、卑下的、懦弱的、漠然的之处。

认知者也必须懂得给自己戴上他自己的胜利桂冠：他迫不及待，因为他急着进行新的转变。

4〔70〕[1]

两个人对彼此的激情——在任何情况下，这都是两种激情，并且有着不同的曲线、顶点、速度：它

---

[1] 参看《查拉图斯特拉如是说》第一部"读与写"。——编注

们的线能够交叉，仅此而已。

说快乐 (Lust) 而想到快感 (Lüste)，说感官 (Sinn) 而想到感性 (Sinnlichkeit)，说身体 (Leib) 而想到下体 (Unterleib) ——就这样剥夺了三个美好事物的荣誉。

市民德性与骑士德性互不理解并互相诋毁。

就连我们的学习和勤奋也是天赋问题。

人人都可以学会读书，人人都读书，长此以往，这不仅会把作家毁掉，而且甚至一般也会把精神毁掉。

4 [71]

他对我不义——这很糟糕。可他在我面前竟然还想为他的不义请求原谅，这让人怒发冲冠！

不把微小愚蠢造成的不愉快后果归咎为自己的品格，这需要一个非常好的品格。

要想把自己的愚蠢造成的不愉快后果真正归咎为自己的愚蠢而不是自己的品格：这需要拥有比大多数人更多的品格。

哪怕我们只超出人〈类〉善良的中等程度一步，我们的行为就会受到谴责。

你们说"这让我喜欢"并认为是在赞扬我！——呵，你们这些愚人，我因此多么喜欢你们！

科学人与搓绳工有同一个命运：他把线搓得更长，但同时他自己在——倒退。

4[72]

生命是难以承受的：为此，人们需要在上午反抗，在下午投降。

我精神涣散：我的胃口在饭后才来。

一个理论的可反驳性真的没有丝毫吸引力。

这些立宪国王被赋予了德性——他们不能再

"行不义"——但他们为此被剥夺了权力。从此，他们想要的无非是战争——但为什么呢？

如果一个人有幸保持默默无闻，那么他也应当享受黑暗所给予的自由，尤〈其是〉"好好地窃窃私语"。

4［73］

我恨伪君子远胜于恨罪人！

我爱音乐吗？我不知道——我也经常恨它。但音乐爱我——一旦有人离开我，它就会跳过来，想要被爱。

多晚才会发光？

时而抖擞地挺起自己的脖子，就仿佛整个世界的重量都要压在我们身上了——时而又像一朵玫瑰花苞一般轻轻颤动，对它来说，一颗露珠就不堪重负了。我的兄弟姐妹们啊，不要让我觉得如此的弱不禁风！我们全体都是可爱的负重的驴子，而根本不是一朵轻轻颤动的玫瑰花苞。

为了需要止轮器，首先需要车轮。

我濒临死亡的时间有点太长了，以至于不再害怕生活。

我称这样的〈人〉为"嗡嗡声"。

我称他们为演员(传达者)

超人出于生命的丰盈会有吸鸦片者的那些表现、发疯和酒神舞蹈：他不受后遗症之苦。

疾病现在导致许多本身并非疾病症状的东西：导致幻觉。

不是你们的罪——是你们的清醒向上天呼喊。

把我们从罪中拯救出来，把傲慢还给我们！

牢狱里的苍白罪犯和与之相反的普罗米修斯！蜕化！

"我们想要创造一个生命"我们都想要参与其中、爱它，我们都想要怀孕——因此尊重和尊敬彼此。

我们必须有一个我们为之而彼此相爱的目标！所有其他目标都值得毁灭！

4[76]

理解了一位哲〈学家〉并对他深信不疑。

今天我把一切都变成金子，给我你想要的——命运！

不要让自己受骗！最活跃的民族如今最疲惫！他们再也没有力气去偷懒了！

唯一的幸福在于创造：你们所有人应当共同创造，并在每一个行动中仍然拥有这种幸福！

你应当保持内心的混沌：将来之人想要从中塑造自己！

从永恒的河流中解脱。

人们做出自己的行为，经常是作为对抗自己过去的鸦片。

做自己最喜欢做的事，而不用伟大的言辞称之——这可能是英雄主义。在崇高的姿态面前感到羞耻。

"我跟随"——而不是"我想要"。

"当我创造超人时，我什么都不能缺少。你们所有的恶和错，你们的谎言和你们的无知——一切都在他的种子里。"

（反对纯植物饮食）难道我们想要创造羔羊灵魂和狂热处女吗？我们想要狮子以及力量与爱的庞然大物。

人应当是某种不再是人的东西的契机。

不是让我们脱离世界——而是征服世界和其中的我们。

我想要从生育和死亡中造出一个庆典。

4 [78]

我们既要残忍又要有同情心：让我们谨防变得比自然还小！

我既教导同情，也教导残忍：但我也教导，精神是属于二者的，目标也是。

我们必须让大地为超人做好准备，动物和植物也是

我给你们注射疯狂。

对小孩子来说，你们太有爱了。

你们在舞台上看到他们，但你们必须在生活中看到他们，而不是在生活中轻视他们。

若没有表演，你们最好的事物也毫无用处。

道德人在良心的噬咬下沾沾自喜。

4 [79]

你们在打仗？你们害怕邻居？那么拿走界石——这样你们就不再有邻居了。

4 [80]

从葬礼开始。

我预见到某些可怕的事情。接下来是混乱，一切皆流。

1. 没有任何东西本身具有价值——没有任何东西命令"你应当"。

2. 这是无法忍受的——我们必须用创造对抗这种毁灭的景象。

3. 我们必须用唯一的目标对抗这些不断变化的目标——创造它。

4. 作为物质，我们拥有一切被同化的东西，我们在其中并不自由。掌握、理解这种物质（通过科学）。

5. 创造超人，在我们基于自身思考了整个自然、把它弄得可思考之后。

6. 我们只能爱与我们完全类似之物：我们最爱想象中的存在者。对待作品和孩子，爱不需要被命令。超人的优势。

4 [81]

我不想再次拥有生命。我是怎么忍受它的？创造。是什么让我忍受这种景象的？对肯定生命的超人的眺望。我也尝试过自己肯定它——啊！

4 [82]

思考人生应当是休养之事：此外只应考虑任务。

回忆录：

我明白了"生活在先"[Primum vivere]，而且什么都属于生活 [vivere]！

认知是为了生活——以前：是为了否定生活。

4 [83]

道德的瓦解在实践上的后果是导致原子化的个体，然后还导致个体消散在多数人中——绝对的流动。

因此，现在比以往任何时候都更需要一个目标和爱，一种新的爱。

4 [84]

回归动物性的危险是存在的。我们为所有死去

107

的人追补公道，并赋予他们的生命一种意义，当我们从这种材料中塑造超人并给整个过去一个目标时。

如果我不爱人类，我怎么能忍受查拉图斯特拉呢？

你们为我尊重演员，且那最好的，不要在舞台上寻找！

鞭子。

4 [85]

查拉图斯特拉说完这话，一位年轻的母亲向他挥手说："现在我乐意死去，因为我的嘴再也没有什么可以教查拉图斯特拉了。"

你们不要害怕万物的流动：这种流动会返回到自身中：它逃离自身不止两次。

一切"过去"都再次变成"现在"。过去咬住了将来一切的尾巴。

在不再感觉到"应当"的地方，——

爱的起源——爱作为道德的结果。

4[86]

所有这些野狗还在〈我〉这里，但在我的地下室里。我甚至不想听到它们吠叫。

一位年轻的母亲向他挥手说：现在我平静地死去，我经历了查拉图斯特拉。

4[87]

没有人来找我。而我自己——我走向所有人，而我没找着一个人。

4[88]

末日的前一天，查拉图斯特拉把护送他的弟子送回家，对他们说：

查拉图斯特拉笑过的地方一定是[——]

凡事都有两面：一面是消逝，一面是生成。

个体越多，其所属的畜群就越广泛。

认知的好品味 (bon gôut) 伸展到道德的最高阶段。

但愿你们对高等人的责任之痛有个概念!

4[89]

论高等人的道德。

一切曾是道德的东西在这里都变成了爱。

但现在开始了一个新的"你应当"——自由思想者的知识——对最高目标的追问。

4[90]

正如我们不再需要道德，那么——也不再需要宗教。"我爱上帝"——唯一古老的宗教形式——已经转变为对一个理想的爱——变得有创造力——真正的神—人。

道德是必要的: 既然我们必须行动，我们将依据什么而行动? 而我们已经做出的行动，我们必须对其评估——依据什么呢?

证明创世记的谬误并不是反对道德的论据。道德是生活的一个条件。"你应当"

关于对激情的神圣化。

他尽可能地服从。

我一直生活在生命最狭窄的阶梯上。

像我所遭受的这些苦难是被埋葬者的苦难。

每一个高等的行为都是对道德法则的多重破坏。

也教导功利和理性？对此我们早已不够理性。

4 [91]

让所有激情依次生效，但圣化它们。

我想知道的是，我的命运（活体解剖）和我由于狗的无声凝视而产生的痛苦现在击中了我。

对创造者要有人性，他们缺乏博爱。

深度。——今天你原谅人们对你的所作所为。但你还根本没有体验到它们：半年后你将永远不会再原谅和忘记它们。

4 [92]

只有当精神驶入道德时，魔鬼才动身。

人〈类〉把道德先拿给了自己，我们也可以给自己一种道德！

"最难的是什么？"

查拉图斯特拉说，我做了这一切，并在今天将其便宜地给出——为了一个女孩的微笑。

而你对人类再也没有什么要说的吗？

不，查拉图斯特拉说，杯子空了。而当他说完这话时，他就独自走了。但他的门徒们哭了。

你们要小心，别伤害到隐士。隐士就像一口深井：把石头扔进井里很容易，但你想怎样把它再拿出来呢？隐士从不原谅别人。

在他的箭筒中再放一支蔑视之箭。

扯掉

4 [93]

你们不要暴露自己！而如果你们必须如此，那么就发怒吧，但别羞愧！

难道要我教你们如何抵制窃贼和歹徒吗？我与那些厌倦了其德性，并乐意让自己被偷窃和诽谤，以便庆祝其德性的人交谈。——

4〔94〕

你们不要忘记我这一点！我教人〈类〉创造超人，我教正午和永恒和从河流中的救赎，我的教诲是："为了所有人"已经变得比"为了我"更古老、更美好；你们还必须先把"为了我"神圣化。

你们不应扼杀你们的感官，而应使它们神圣化——使之无辜。

其时所有民众都说：我们应当把这个道德的毁灭者毁灭掉——

如若人们作为人想要成为完满的，则人们即便作为动物也必须是完满的。

你们将永远只拥有适合你们力量的道德。

超人，孤独的转变者（Einsam-Wandler），羞怯者，———

一个门徒——既不是孩子也不是作品，"此时查拉图斯特拉沉默不语，看着前方面目全非，眼神坚毅。但他的门徒们走近他，〈问〉他道："你没有什么要托付给我们——让我们带回家的吗？"

查拉图斯特拉一直往前走，直到他来到他的洞穴和山上：在此他还找到了他的鹰和他的蛇。可当〈他〉问候完洞穴和动物时，他突然变得非常苍老。

当时民间传言说：最糟糕的事不是落入查拉图斯特拉之手，而是夜里梦到他。

他沉思许久，一言不发，而他的动物在他面前等待着，上午的时光它们遍历群山。突然，他的眼神变了。大约是中午时分，他用手触摸四周，说道：———

不公应当由有〈能力〉的人承担。

孤独者的危险。

松树

我做了这一切并主动承担它们——一个孩子的微笑

4 [97]

一位英雄的精神在这里飘动——悄声地过去。他受了太多苦；他仍旧愿意为此受苦。

4 [98]

愿他自己也能宽恕他的灵魂。

4 [99]

我要求你们做出一切牺牲之举、善良之举、神圣自利之举，而且对于这一切，你们应当说："这没什么了不起的！这只是我的品味！"我更要求你们追求知识，因为我知道它有违你们的品味，我要求你们说："我们就是必须如此"，但我们的这种"必须"不应是法律且，不应成为他人的阴影和烦恼。

4 [100][1]

我的兄弟们呵，我知道对女人的安慰莫过于对她说："你也能够生育超人。"

你们与猫和狼有什么共性吗？那些总是只获取而不给予，更喜欢偷窃甚于获取的人？

你们是永远赠予者。

I 参看《查拉图斯特拉如是说》第一部"老妇与少妇"；"赠予的德性"。——编注

4 [101]

你们所有的弱点和恶习仍然在你们的知识中跟随你们！一本书难以阅读：但谁若有眼睛———

4 [102]

受到恶劣的对待乃是你们的命运：你们的复仇并不可怕。因为你们并不完全沉沦于时代之中。

4 [103]

就超人而言的同情（门徒——章〈节〉）。

（章〈节〉）但愿我能看到超人！他没看到我，他看到他的愿景（Vision）。

（章〈节〉）善——没有上帝把它给你们，也不会带领你们进入一个更好的彼岸世界；没有根据；而且是纯然的谬误。所以只有："我想要！"

描绘对当代人（对天才）的爱——这多么折磨人！当人们将其移到远处然后看到扭曲的图像！（章〈节〉）

4 [104][1]

你们说你们信仰查拉图斯特拉。但这与查拉图斯特拉何干？你们是我的兄弟：我并不太爱你们：兄弟既不是孩子也不是作品。

我爱自由的精神，如果他们也是自由的心灵。对我来说，头脑如同心灵的内脏。心灵所接受的，头脑必须将其消化并转化为思想。

你们要宁可对人发怒，也不要让人羞愧！

而当你们被诅咒时，我不喜欢你们随后想要祝福：最好也一起稍微诅咒下。魔鬼带走我吧！

我建议所有殉道者深思，复仇欲是否未曾把他们推向极端。

4 [105]

你们的诗人、书籍、演员应当让你们感觉不到愿景的匮乏——他们却让你们还更加贫乏！这不是我的愿景！而诗人应当说谎！

---

1 参看《善恶的彼岸》第181节。——编注

我不想与艺术有任何关系——除了那种让人快乐的艺术！出于快乐 (Lust) 和过度的快乐 (Überlust)！艺术中的谎言是出于纵情 (Übermuth) 的恶！

我不想听到你们的叫喊！是的，现在你们要"真实"！

推翻！

4 [106]

这是一个辩驳，而我感谢你。但是朋友，现在来反驳我的辩驳吧！

看到你我欣喜不已，查拉图斯特拉说，但〈不〉是你让我欣喜不已，而是你对我来说是一个－－－

这是夏日的时刻，一个小时，仅此而已。你对我来说是一座高山：坚固如冰，风起云涌……

4 [107]

我愿与他们一道不恨也不爱：我听不到他们的叫喊和幸福。

4 [108]

请注意！以最高的热情执行：爱恋者是愚蠢的

(被欺骗的),而且他没有能力传达他的爱。

认知者是无爱的和不可交流的。

演员是无爱的和愚蠢的。

4 [109]

他们不理解我——但恐怖的是,他们会跑到受欢迎的地方去。

向法院求助已然是蔑视的标志。

4 [110]

当一个人不能成为偶像时,他会以崇拜为傲。

当女〈人〉发情且她把男〈人〉的肖像——

你们瞧那个苍白的女人;虽然她有双嗜杀的手,但我宁愿落入她的手中,也不愿落入她的梦中。

查拉图斯特拉首先遇到谁?他很高兴再次忍受她。

(章〈节〉)我走入孤独,是因为我想爱人却总是不得不恨人。最后我爱上了超人——从此我忍受着人类。我要给他们带来一个新的希望!还有一个新

119

的恐惧——查拉图斯特拉说。

4［111］

有一段时间，我对我自己感到厌恶：1876年夏天。谬误的危险，在科学上关于形而上学之干涉的良心不安，夸张的感觉，"审判者身份"中的可笑之处——也就是产生理性，并试图在最大的清醒中、没有形而上学前提地生活。"自由思想者"（Frei-geist）——超越我！

4［112］[1]

当我年轻时

今天我心甘情愿地放弃这一切——为了一个孩子的微笑。人们如果想再次成为孩子，就必须也克服自己的青春。

我真的是你们所尊敬的人吗？如果我是——小心啊，别让一座石像把你们砸死了。

4［113］

现在凶手似乎是病了：道德判断被同化了这么多。

---

1 参看《查拉图斯特拉如是说》第一部"赠予的德性"。——编注

收集感人的事物。
· · · · · · · ·
4 [114]

在有同情心的人身上，冷酷是一种德性。
                              · ·
4 [115]

鲜血是真理的拙劣见证：鲜血毒化了一种教义，使其变成仇恨。

4 [116]

当我年轻的时候，我有伤害自己的倾向：人们称之为我的崇高倾向。

以知识之草和橡子为食。

人应当是介于植物与鬼怪中间的。

我爱所有这些沉重的水滴，正如它们一滴滴从蕴藏着闪电的乌云中落下：这种闪电叫作超人。

4 [117]

我们内心的孩子也应当战胜我们内心的狮子——查拉图斯特拉说。

我不施舍——我还不够穷——查拉图斯特拉说。

我是河流边的柱子和栏杆——谁能抓住我，就把我抓住吧！但我不是拐杖

贬低自己并伤害其高傲之心：让其坦白愚蠢，以便嘲笑其智慧。

我禁止你们信仰这些形而上学的东西：猜疑是应当的，还要洞察到对这些问题的价值估以前来自何处。我们的思维方式必须是绝对人性的！

4 [118]

莫尔登豪尔(Moldenhauer)
迈因兰德(Mainländer)

4 [119]

但如果你想要倾听我，那就从我这儿拿开属于你的一切。

4 [120]

咬牙切齿的隐士——他不情愿地张开牙齿。

如何才能传达自己？如何能被听到？我什么时候走出洞穴进入空旷之中？我是所有隐蔽者中最隐蔽的。

4 [121]

掉转目光吧！把你们提升到更高的光明中！没有一个同情者会爱超人！

4 [122]

我坐在这里等待着——

在善恶的彼岸，时而享受光明

时而享受阴影：全部只是游戏

全部海洋，全部正午，全部时间，没有目的。

4 [123]

我们的善啊！——我们尊重我们的祖先。

4 [124]

从您的主题中总是发出某种类似于绝望的声音。海〈因里希〉·科〈塞利兹〉

4 [125]

章〈节〉：论拒绝殉道。

4 [126]

人，一个原子群，在其运动中完全依赖宇宙所有力量的分布和变化——另一方面，就像每个原子一

123

样,不可估量,一种自在自为。

我们意识到自己只是作为情绪的集合体: 甚至感官知觉和思想也属于情绪的这些表露。

4 [127]

所有故事中最悲惨的, 带有一个天堂般的解决方案。

查拉图斯特拉逐步变大——他的学说随着这种变大而逐步展开。

"轮回"如夕阳般在最后一场灾难上空照耀着。

4 [128]

无助, 没有精神帮助自己摆脱自己的罪过——形势对他们来说是"固定的"

当一个人遭受太多痛苦时, 他就会变得太过谦虚以至虚荣。

"我不知道反对它的理由"——但不幸的是, 这个"我不知道"并不是支持它的理由! 我不知道如此多的事情——

4 [129]

一个人在赞扬时，总是在赞扬自己：一个人在谴责时，总是在谴责别人。

我躺下，被浓浓的忧郁笼罩——我的生命依附于小小的偶然。

(章〈节〉) 让你们的灵魂保持清凉冷静 (反对同情)

同情，当它强大时，是一种地狱般的感觉。

出于对人类至高无上的爱而谋杀。

4 [130]

救世主，你的医术多么好啊。这是她的话，因为这女人爱查拉图斯特拉。

4 [131]

我们在那里不写诗：我们计算。但是为了我们能够计算，我们先写了诗。

我不再体验任何东西：我也超越于诸种体验之上。

你们这些冷酷而清醒者啊，你们不知道冷酷的欣喜！

我给你解开枷锁：去死吧！——而人们看到那个女人死的时候面带微笑。

当查拉图斯特拉听到女人的这番话时，他捂着他的头并扶住自己。

难道这种同情不是地狱吗？难道这种狂热不是火焰吗？

法官们异口同声地说：这个人疯了：他想去哪里就去哪里吧：别让他留下来。于是查拉图斯特拉自己决意回到洞穴和他的动物身边。

4 [132]

"轮回"已教给人们——"我忘记了苦难"。他的同情增加了。他看到，这个学说是无法忍受的。

高潮: 神圣的谋杀。他发明了关于超人的学说。

返乡: 在隐士处投宿"你怎么不教人强硬? 还有对渺小的仇恨?"

查拉图斯特拉: 你教这些! 我不再是这样的人! 当我来到人们面前时,我就是这样。对此,我已经变得太过贫穷了, ——我给出了所有, 甚至我的强硬。——所以隐士们想道: 我以颤抖的嘴唇和额头上痛苦的皱纹,以垂死者的微笑恳求你——他哭了。(所以愿上帝永生)上帝死了: 是时候了,该超人活着了。

4 [133]

提升、重塑正义概念——或者证明人类行为必然是不正义的。

人可以将自己置身于一种特定的价值评估之外,但不能置身于一切价值评估之外。

评价道德——以何为据?

4 [134]

忍受自己已然是可能的: 但人们如何忍受自己的邻居? 他受了太多苦。

我不知道他们有多贫穷——我不知道索取比给予更美好。——

难道同情不是上帝的地狱吗？而且他也许死于这种狂热？

4 [135]

血亲复仇：如同所有作为国家之代表的基本感觉：对一个家族深重苦难的敬畏和对这种感觉的让步。

如果我们把有害的东西与恐怖或厌恶联系起来，那么就会产生恶的、坏的感觉。

总有人爱危险的岗位：而且不在这里考察这种爱的动机，或者甚至不假思索地赞美它——自由思想者——

4 [136]

有了高高在上的道德，生活根本无法忍受——如果一个人不是法利赛人并拥有一种自由的眼光——所以我摧毁了它。

一堆情绪，一种第一推动力 (primum mobile)，但在它的运动中被一切自发运动的事物所推移和压碎。

为了肯定自己，我摧毁了道德：我表明，到处都有造物主，同时还有暴君。但这种同时性并非必要，因为畜群－－－

4 [137]

所有目标已被摧毁。人类必须赋予自己一个。认为他们拥有一个，此乃谬误：他们赋予了自己一切。但是先前所有目标的前提条件已被摧毁。

科学显示了流程，但没有显示目标：但它赋予了新目标必须符合的前提条件。

4 [138]

每个人都是事件发生的一个创造性原因，一种具有原初运动的第一推动力。

4 [139]

当上帝理解他自己时，他创造了他自己及其对立面。

你们是怎样走完了从蠕虫到人类的道路！但你

们身上有许多东西仍然是蠕虫，以及一种关于你们的道路的记忆。

4 [140]

冰敷。——我对人的厌恶变得太过强烈。对我的理想主义 (Idealismus) 的那种道德傲慢的反向厌恶 (Gegen-Ekel) 同样如此。我接近被鄙视的东西，我在自己身上寻找我鄙视的一切：我想抑制我的狂热。我反对所有对人类进行控诉的人——我从他们和我自己身上夺走了高尚言论的权利。

批判的冲动想要生命——

以最少食物为生的英雄主义：沙漠。

英雄主义，即自己贬低自己的理智冲动，将其想象为情绪。

我诽谤情绪是为了事后说：我拥有一种情绪，仅此而已！

道德底下的生活根本无法忍受。（早先时期瓦格纳的意义）

4 [141]

瓦〈格纳〉将会剩下来，作为在毫无品味的骄横方面走得最远的一个〈人〉。

我否认道德冲动，但所有的情绪和冲动都被我们的诸种价值评估所着色；在我们心中截然不同的诸种评估在竞争着。后果：理解道德的多样性。

不断的赞扬和谴责。

我们的情绪在道德上讲

我们的共同感在道德上讲

我们的理智快乐(在道德上讲)

我们的疾病呈现为道德现象

人身上的一切都是一种使我们高兴或不高兴的罪行

所有利益

景观

床

一种道德疾病

在糟糕的日子其他的道德情绪在前台中

一切我们不这么感觉的事情，对我们来说都无关紧要。我们不断忘记它。

赞扬和谴责我们的情绪，

也就是价值评估，我称之为"道德"。

通过对音调的解释还不能解释音乐——或者甚至是反驳了音乐。

有一些时候，对人的生命的漠不关心令人气愤。与此相反的是血亲复仇。

使之轻松：这样人们先受得了自己——并出于同情而变得疯狂。

4 [144]

他以坚实的肩膀顶住虚无：哪里有空间 (Raum)，哪里就有存在 (Sein)。

4 [145]

全部海洋，全部正午，全部时间没有目的

一个小孩，一个玩具

而突然间一变成二

查拉图斯特拉从我身旁走过。

4 [146]

我作为法官和刽子手毁于自己。

"对于某事好""对于某事坏"：原本所有的道德判断都是关于达到目的的手段的判断。但人们渐渐地忘记目的，"好""坏"保留了下来——似乎可能存在着某个本身就好的东西。人们总是鉴于一个目的而赞扬和谴责：但是，当人们在这些手段上立即感受到像崇敬、热爱或厌恶等感觉时，为了能够完全充分地赞扬和谴责，人们最终否认了目的。

那么，正是情绪创造了"善本身"和"恶本身"。

无论这些被同化的"道德感觉"现在是什么情况——从道德感觉的历史中可以看出，没有任何善值律例 (Gütertafel)、没有任何最终目的是屹立不倒的——一切都被驳倒了。我们心中有诸种道德感觉的一种庞大力量，但没有适用于一切的目的。它们之间相互矛盾——它们源于不同的善值律例，－－－

有一种庞大的道德力量，但再也没有目标，在其中可以使用所有力量。

所有人都能做什么？赞扬和谴责。这是人的疯狂，是疯狂动物的疯狂。

我说绒毛属于苹果，我说谎言属于生活。

人们行许多不义——而且不只是当人们造成痛苦时，而且是通过赞扬、善举、同情——人们在可能有必要之处并不报复！

4 [149]

只有一种理性。而且只有一种心性（Ge-müth）？对世界进程的一种完全人性的解释必须同时——或者：对世界过程的一种令人欣慰的解释对于人类心性的每个阶段都已经是可能的。

4 [150]

看到事情是多么不公，这很可怕。但令人欣慰的是，我们是正义的创造者，并且我们受我们自身之苦。

4 [151]

道德性——所有被我们同化了的价值评估的缩影：这种数目庞大的力量将变成什么？只有在这一点上，这些评估是如何产生的问题才让我感兴趣。

4 [152]

关于一个疯子如何热爱理性这一点，你们知道些什么呢？

4 [153]

(章〈节〉)对最具精神者的演讲。

(章〈节〉)被掩盖的生活。

4 [154]

他们从未体验过那个瞬间，这个瞬间对他们说"我们是可怜的"。

这个年老的神人[1]不能欢笑。

迄今为止，一个名叫耶稣的希伯来人乃是最佳的爱者。

4 [155]

我摈弃的并不是我一直崇拜的这个〈人〉：而是让我一直崇拜他的原因。

4 [156]

这个部分的结尾。我为自己选择的也是这种真诚之痛苦。

4 [157]

你已经看到了他们的理想——那么，亲自打碎

---

[1] 即耶稣基督。——译注

它们吧，要冷酷无情！同情。

4［158］

形式：这个〈人〉到了无底无壁的箱子上。[1]

4［159］

怎么！你们想让这些贫乏的人永垂不朽？用链子锁在一起？让他们灭亡吧！社会主义者们，贫富与我们何干！

4［160］

当这些在无时间状态中凝视世界时，一切弯曲的都变直了

如果你看到蓝色，你说服自己说："它是灰色的"，而这对你有什么用呢！

蔑视

4［161］

关于女人的话题，说些虚假的东西，这是很难的：在女人那儿没有事情是不可能的——查拉图斯特拉答道。

1　此处"到箱子上"原文为 auf dem Kasten angekommen，德文中有惯
用法 etwas auf dem Kasten haben，意为"有点本事"。——译注

末人——他轻咳,享受自己的幸福。

人类注定要停滞,作为超猿猴 (Überaffe),永远之末人的形象。

这种人够多了:他们知道世上最好的事情无非是跟一个女人睡在一起。

人〈类〉是一种应当被克服的东西:为此你做了什么呢?你们的善的恶的人〈类〉关我什么事啊?

如果精神没有飞走的翅膀,使精神自由又有什么用呢?

与隐士的最后对话。

——我要赞扬你,你没有成为我的弟子。

隐士:我太过蔑视人类,我太过爱人类——我忍受不了人类——我不得不在两者中完全伪装自己。

我带给他们一种新的爱和一种新的蔑视——超人与末人。

我弄不懂你——你带给他们的东西，他们不会接受的。让他们首先乞求一种施舍吧！

查拉图斯特拉：－－－

但他们只需要施舍，为了能够需要你的宝物，他们还不够丰富。

我创作曲子，吟唱之，当我作曲时，我笑啊，哭啊。

这个人我再也没有什么可教的了。

4 [168]

这些人想玩骰子，那些人想计算和数数，另一些人总是想看波和波的舞蹈——他们称之为科学并为此大汗淋漓。

然而是孩子们想要他们的游戏。确实，这是一个美妙的儿戏，而且一点点笑声不会损害游戏

4 [169]

苦修（Ascetismus）的目的：让自己的饥渴满满，本己的创造必需郁积。

4 [170]

世界上有许多可以计算：但把世界算清[1]——这是麻烦的。

4 [171]

超人的对立面是末人：我在创造了前者的同时也创造了后者。

所有超人特征在人类身上都显现为病态和疯狂。

人们必须已然成为大海，方能接纳一条肮脏的河流，而不至于变脏。

4 [172]

当我想到目的的时候，我也想到偶然。

用目的解释世界和用偶然解释世界，必定是可能的：解释为思考也是这样，解释为意愿也是这样，解释为运动也是这样，解释为静止也是这样：解释为上帝也是这样，解释为魔鬼也是这样。因为一切都是自我。

---

1 此句中的"计算"原文为 rechnen，"算清"原文为 ausrechnen。——译注

我们看待事物的视角不是我们的视角；而是一个以我们物种为底板的存在者的视角，一个更大的存在者的视角：我们向它的画面中观看。

4 [173]

为了学习这一点，我决定憎恨我所爱的人，谴责我迄今所赞扬的东西，看看恶人身上的善和善人身上的恶首先是什么。我称之为公正。

最终我发现最难的事：不爱也不恨，不赞扬也不谴责，并且说：没有什么善和恶。

当我发现了这一点时，我走进沙漠。

4 [174]

世界准备就绪，一个善之金碗——但创造精神也还想创造已被创造的东西——它发明了时间，现在世界滚动开来，并再次在巨大的圆环中滚回自身——作为经过了恶的善之生成。

4 [175]

你们对我来说太粗鲁了：你们不会毁灭于小小的体验。

4 [176]

"然而，一切对我说的却和对你们说的都不一样。"

在你们的诚实停止观看的那一刻，你们的眼睛也不再观看。

4[177]

历史=目的在时间中的发展：因此，越来越高的目的从低级目的中发展出来。要解释，为什么必须出现越来越高的生命形式。对此，目的论者和达尔文主义者确实是一致的，认为这就在发生。但这全部是一个假设，基于诸种价值评估——而且是近代的价值评估。反过来说，下至我们的一切都是堕落，这同样是可以证明的。人，而且恰恰是最智慧的人，作为自然最高的误入歧途以及自相矛盾（最痛苦的存在）：自然沉沦到这里。有机体作为退化。

4[178]

在我的树丛和森林中。《查拉图斯特拉》第四部。

4[179]

设定价值这也意味着设定非价值。为了拥有价值评估的幸福——必须带上所有的恶和所有蔑视之不快。

这个人说：整个世界是思想——意志——战

争——爱——恨：我的兄〈弟们〉啊，我告诉你们：所有这些单独来看都是假的，所有这些合在一起则是真的。

4[180]

人类必须将其目标置于自身之上——但不是置于一个虚假的 X 世界中，而是在其本己的延续中。

由于"什么应当生成"的问题，"某物如何生成"的问题对我来说总是有意义。

4[181]

对于我们来说，猿猴是什么呢？一种痛苦的羞耻的对象——对于超人来说，我们也应当是这个。

4[182]

必须怎样跟你们讲话才能让你们听懂！必须使你们患病！

4[183]

一旦意志出现，感受就会有解放的印象。人们称之为意志的自由。因为感觉被痛苦地压制着——而一旦意志出现，它就暂停并不再受苦

4[184]

你们刚刚出生，也就已经开始死亡了。

同情和爱是道德的对立面。其中没有正义！没有服从，没有义务！没有真理之爱和诚实！为此，放弃自己的道路——激情的特征——及其非理性。

我不是发明了一种新的气味和一种新的颜色吗？——查拉图斯特拉如是说。

大海载着你： － － －

你们谁有最广阔的灵魂

将走绳演员置于最低阶。

无论我登上哪里，我的狗都到处跟着我，它名叫"自我"。

自我首先在畜群中。与此相反：在超人中，数千年来众多"自我"的"你"变成了一（即个体现在都变成了一

自我也包含着多数的存在者（如畜群），这不矛

盾。同样作为多数的力量。有时停顿——不可见，就像电流一样。

努力压实自己，是最强如钻石、最有创造性的吗？真的吗？作为民众还更甚？

4 [190]

他们走向烧炭工，对其宣讲永恒的折磨。

4 [191]

与国王的谈话(章〈节〉)。

4 [192]

伟大瞬间的历史——这也包括在烧炭工面前的学说。

4 [193]

如果你们不能踩死小蝼蚁，如果你们不想成为驱蝇掸子：那么你们就进入〈孤独。〉

4 [194]

我们的眼睛会看错，它会缩短和聚集：难道这是摒弃视觉并说"它一文不值"的理由吗？

4 [195]

但是你们相信查拉图斯特拉找到了他要找的东西吗？你们相信盲人会走直路吗？——而就是这样发生了，查拉图斯特拉这次没有没落。

4 [196]

疾病乃是以健康为目的的笨拙试验。缩短这种试验吧!

4 [197]

权力感,所有自我之间的竞争,即找到始终凌驾于人类之上的思想,作为人类的明星——自我是一个第一推动力。

4 [198]

目标: 在一个瞬间达到超人。为此我承受一切! 那种三合一体(Dreiheit)!

最安静的外在生活,因为有太多事情发生!

4 [199]

让尽可能多的〈人〉尽可能长寿,这难道不是无关紧要的吗?

这许多人的幸福难道不是一件可鄙的事情, 而且对生命此在不是毫无辩护吗?

你的生命的意义应当是为生命此在辩护——为此,你不仅要成为魔鬼的辩护人,甚至还要成为上帝在魔鬼面前的代言人。

他爱人类，因为上帝爱他们。他想拯救他们以便拯救上帝。

对人类的爱是他被钉于其上的十字架；他想把上帝从其地狱中拯救出来：地狱是上帝对人类的爱。

因为人们听力不好：而聪明人就打伤他们的耳朵，于是他们开始用眼睛听。

他们不再笑，而是看着查拉图斯特拉。

而到处是表面，－ － －

对岩崖的演讲——我喜欢它不说话。它的沉默是可敬的(一切都是道德的)

在植物中自我对自己一无所知：它在生育中分裂；它是许多中的一(畜群)，它在这里熄灭——这有什么关系呢？自我之偶然(在不同的生命那里)是无关紧要的。

(隐蔽的生活)
·····
一个苍白的少年
有些你将永远不会发现
松树

(末人：一种中国人)。

经常受到自己精神的驱使，查拉图斯特拉走上
一座山，并在途中写下他的格言。有一次，当他独自
一人时，他夸耀自己说
你们应当像悬在海上的树一样，屈身于－－－

他独自行走；因为他的身影围绕着他，他只能
看到它们。而当他遇到他的同类时，他们的精神就
拥抱彼此，并且他们用四只眼睛观看这同一些身影。

公正的是，我试图为一切基本上令我反感的事
物创造一种权利

一棵树：把叶子分开，给它们一点运动，根和树枝等也同样如此。

　　隐士久久地注视他－－－

　　隐士说，查拉图斯特拉，你变穷了——如果我想要你施舍，你确实会给我吗？

4 [205]

　　所有的道德都是为了发明或寻求身体的更高状态，在这种状态下，以往分开的能力是可能结合在一起的。

4 [206]

　　你们不要听信所谓的善恶——要走上通向新善的道路，为我们创造恶与善。有1000条还未走过的路！

4 [207]

　　在人身上居住着许多精神，就像海洋动物一样——它们为了"自我"这个精神而相互斗争：它们热爱它，它们想要让它坐到它们的背上，它们因为这种爱的缘故而相互仇恨。

　　——自我，敏捷的小猫，带着银色的动物欢乐。

148

溺水的人何曾口渴过！

自我这个小猫再次尖叫，一人再次高兴，大家再次嫉妒。

老妇人说，对于那些足够年轻的人来说，这是个很好的安慰。

难道我适合于成为劝人忏悔的牧师？难道我适合于像一个牧师和一只铙钹一样喧哗吗？

4 [208]

我来把超人教给你们：你们必须把大轻蔑教给你们自己。

4 [209]

(章〈节〉)辩护者的兄弟情谊。

4 [210]

他们在善恶中没有精神之羞耻：他们赞扬和谴责，好像

他们在精神中没有善恶之羞耻：

他们推翻神像并说：没有什么崇高和值得崇拜的——因为他们自己无法创造神像或神。

你们听听从他们对神像的愤怒中发出的蔑视——对他们自己的大蔑视!

我爱挥霍的灵魂: 他们不回报也不想要感谢,因为他们总是赠予。

在那里,他们各自离去

4 [211]

我还解释你们的来自未来的德性。

我摒弃的不是你们的德性, 而是你们这些有德性的人。

朋友作为最佳的轻蔑者和仇敌。

可尊敬的是多么少啊!

成为朋友的良知。注意到每一种贬低。不仅要在道德上看待良知: 趣味亦然,也要守在其界限内。

朋友作为魔鬼与天使。他们互为锁链。在他们的近处一个链条掉落了。他们相互提升。而且作为两者当中的一个自我,他们正在接近超人,并且欢呼朋友的占有,因为他给了他们第二个翅膀,而没有后者,另一只翅膀是毫无用处的。

4 [212]

天凉了,草地蒙上阴影,太阳落下了。

活着岂不荒唐? 为了从生活中弄出一种理性,难道我们不必拥有更多的理性吗?

我的兄弟们呵,原谅查拉图斯特拉的灵魂吧,是黄昏了。

4 [213]

状态的发明

是时候人该为自己设定一个目标了。人对于最高目标仍然足够富有和狂野。我告诉你们: 你们心中还有星辰的混沌和冲撞,方能生出星辰之舞。

但终有一天,人将会变得太过贫穷,终有一天,人甚至将会没有足够的轮子和冲力通向蔑视之愤怒。

4 [214]

我们对人〈类〉的蔑视驱使我们到群星背后。宗教、形而上学,作为一种欲望的表征,这种欲望即创造超人。

4 [215]

人类怀孕了,怀孕者们是奇特的!

(章〈节〉）向我证明你自己吧！你的义务是
哪个？

1.　对状态的强调和对它们的追求。对于身体
的重要性。

2.　自我对它自己的那种理解出现了，畜群类
型在这种理解上得以保留。

3.　不适与恶。

全部道德潮流作为身体的诸种矫正爆发。

苦修主义意味着什么？

佛教和修道作为健康身体的生产（对抗破坏性
和削弱性的情绪）。

道德作为一种关于身体状态未知区域的比喻语
言。——这里谈论的仍然完全〈是〉意志和目的，根
本没有别的。

1.　身体欲望相互适应。

2.　身体对气候的适应表达出诸种道德。

3.　处于统治地位的种姓的身体带来道德。

4.　身体对于必要的工作和工作的多样性。

5. 类型的保留产生一种道德。类型的崩溃和不道德性(Unmoralität)。

因此，表面上没有用化学手段改变身体－－事实上，道德涉及〈的是，〉改变身体的化学性质。

庞大的绕弯。在多大程度上更直接地行进是可能的？

"健康概念和理想取决于人的目标"——？但目标本身是身体的某种特定性质及其条件的表现。

身体与道德。

4 [218]

他不知道如何克服他的德性。

他身上的狮子撕裂了他身上的孩子：最后狮子吞掉了自己。

这位英雄残忍而狂野－－－

你们瞧，我教你们热爱超人。

－－－他担在自己身上并在重负下压垮了。

4 [219]

激情＝我们器官的状态及其对大脑的反作用——寻求释放。

4 [220]

人们曾把他称为智者，但其实他不是。

4 [221]

宗教与自然的关系以前是相反的：宗教符合流行的自然观点。

现在流行的观点是唯物主义的。因此，现在关于宗教的东西必须这样对民众讲话：唯物主义方式。

4 [222]

身体上呈直角状,有着强壮的颈部

驯兽师被狮子杀死

4 [223]

你们不应当想要拥有很多德性——你们对此还不够富有。一种德性已经是很多德性：为了让它存活,你们就要走向毁灭。

4 [224]

我活着是为了认知：我想要认知是为了让超人活起来。

我们为他做实验！

4 [225]

一切事件那前后一贯的创造性特征———

意志自由比因果关系得到了更好的证明（实际上因果关系只是一种流行的推论）

4〔226〕

我们对坏空气太有耐心了：而你自己对别人来说就是坏空气。

三或2。

谁若不让我们硕果累累

4〔227〕

寻找真理中对我造成伤害的那部分,牺牲一切,一种巨大的张力

头脑中无非是一种私人道德: 创造我对它的权利, 这是所有我关于道德的历史性问题的意义。（因为为自己创造这种权利是非常困难的!）

4〔228〕

我爱那些毁掉自己德性的人。

你们瞧,我指给你们通往超人的桥梁!

〈我爱那些〉挥霍自己灵魂的人, 他们不感恩也从不回报,因为他们总是赠予。

他为将来之人辩护并拯救过去之人。

　　而谁若有同情心，就应当从自己的同情中为自己谋取义务和祸患，谁若是忠诚的，就应当忠实于自己的义务和自己的祸患——而对你的德性来说，你不可能具有足够的精神。

　　你的生命当是一个实验——你的失败和成功当是一个证明：但要设法让人们知道你所实验和证明的东西。

　　他们说：让我们从世界上灭亡吧，他们在群星背后寻求救赎——他们找不到关于超人的话语。他们诋毁自己的健康，－－－

　　你们的善人身上很多东西让我厌恶，真的，并非他们的恶。
　　我希望他们有一种疯狂，他们毁灭于这种疯狂，就像那个苍白的罪犯毁灭于他的疯狂一样，
　　我希望他们的疯狂叫作同情或忠诚或正义。

但他们有其德性,为了活得久, — — —

那时是怀疑、对正义的寻求、对朋友的同情 - - -

4[230]

他的学者当成为精神的忏悔者。

所有人都讨厌他的讲话,但有一人喜欢。

交往。

学者。

号召独立自主和脱离关系!

4[231]

对于我自己诸种价值的权利——我从哪里得到
的它?从所有旧价值的权利和这些价值的界限中。

4[232]

婚姻的意义:一个孩子,展现出一种比父母更
高的类型。

注意!当你从他们身上走过时,他们一定会蔑

视你——他们不理解在自身之上(das Über-Sich)。

你渴望爱——但是不行,你必须学会忍受蔑视。

你们把心牵挂在金钱上,却对你们自己失去了心。铁路和国家是许多人的利益和灾难。
. . . .

对于那些不属于众人的人。
. .
你们失去了你们的谨慎、你们的猞猁眼和熊掌。

4 [233]

价值之言语是旗帜,插在发明出一种新幸福的地方——一种新感觉。
. .

4 [234]

偶尔我要求于你:你要从骨子里成为聪明的,你要从骨子里成为高傲的:于是你的高傲将永远伴随你的聪明。你将走上愚蠢的小径:而我也要恳求你的愚蠢总是与高傲为伴。然则你想要成为愚蠢的吗———

我劝你们爱邻人吗?宁愿劝你们怕邻人和爱最远的人。

我发现了人身上的一个新大陆
在灵魂洋溢的地方

你们给我看画笔和颜料罐，然后说：我们驳倒
了这幅画。

社会腐败。

梦想的未来

你们逃避自身：而且，你们总是越来越糟，刚避
开自身蔑视之雨淋，又遭邻人之爱的檐水。

甚至猫和狼也应当成为我的榜样：它们更紧地
握住它们的自身。

针对日常小烦恼的(蝇拍)
4 [235]

一个糟糕地证明自己的神和一个根本不证明自
己的神一样好。

这是一个根本不证明自己或者糟糕地证明自己的神。

当100个人站在一起时，每个人都会失去自己的理智并得到另一个人的。

哦，这些可怜的友谊！他们为他们的朋友做多少，我就承诺为我的敌人做多少——而且我不想变得更穷。

4 [236]

就像小孩用小脚把一块碎片踢到自己前面，生活也同样愚蠢地推着我们向前。

4 [237]

是的，身负重物，我匆匆进入我的沙漠：在那里我却才发现我最沉重的东西。

他自己德性的铁匠和铁砧，他自己作品和意志的试金石。

有很多沉重的东西，当我年轻时，我探求过很多最沉重的东西。

是的，我跑进沙漠——而只有在最孤独的沙漠那里，我才发现我最沉重的东西。

这最沉重的东西——它变成了我的最爱，像一个神一样我教人尊重我最沉重的东西。

深深地叹了口气，不再说话。

4〔238〕[1]

而且，如果有人对你们行一种大不公，那么，只要设法同样也对他行一个小小的不公，这样做是合乎人性的。

4〔239〕[2]

你以为正义就将跟上你吗？

4〔240〕[3]

你的身体中比你的理性中有更多理性。而且还有你所谓的你的智慧，——谁知道你的身体为何恰好需要这种智慧呢。

4〔241〕

我认识到，是牧人和畜群饲养者创造了这些律例：也就是说，他们创立了其畜群的生活和延续。

---

1 参看《查拉图斯特拉如是说》第一部"毒蛇之咬"。——编注

2 参看《查拉图斯特拉如是说》第一部"三种变形"。——编注

3 参看《查拉图斯特拉如是说》第一部"身体的蔑视者"。——编注

是的,我背负了所有这些负担！我跪下来,把所有这些负担压在自己身上,我像骆驼一样低下头,匆匆进入沙漠。

那些让人受苦的真理在哪里？我大喊道。

第一个是龙,它说:"无价值才是万物的价值","矛盾在一切价值的核心"

于是,我认识到善恶的起源:以及人类缺失了目标。

赋予我自己用新的名字和价值来命名事物的权利,这是最困难的事情。

我羡慕所有的植物——我也羡慕所有的鬼魂。

用更高的价值打破善值律例
· · · · ·
我把自己的律例放到其他律例旁边——这是何等的勇气和恐怖啊！

4 [243]

你们是身体的蔑视者

4 [244]

我细看这些最伟大人物的眼睛,爬进他们的灵

I 参看《查拉图斯特拉如是说》第一部"三种变形"。——编注

魂。啊！！！——对天才和圣人的描述。当问到他们是否已经存在时！——如果存在过一些，那么地球对他们一无所知。

4[245]¹

最受崇拜的是缓慢死亡的教士。

4[246]

(章〈节〉)对查拉图斯特拉来说最艰难的是什么？摆脱旧道德。

4[247]

章〈节〉。你们意愿报偿吗？在我看来，你们当作报偿来意愿的东西就是你们德性的尺度！

4[248]

我给予大地一种新色彩——我使大地披上了一种新希望的面纱。

4[249]

鲜血建立教会：鲜血与真理有什么关系！

而如果你们想从我这里获得公道，那么就用理由而不是用鲜血向我证明。

---

1 参看《查拉图斯特拉如是说》第一部"自由的死亡"。——编注

(章〈节〉)渺小者。逃到孤独里去吧，你们受不了小小的雨滴。

突然它睁开眼睛，那是孩子和花朵的眼睛。发生了什么？一个创造者的手碰到了它。一个创造者的太阳猜出了隐匿的神。

我把飞行迷失者向下引到地上，引入他们的小屋里：在高处我教人低沉。

你们说说，这些亲爱的圣人，他们去哪儿了？他们的眼睛不闭上吗？——有时候你周围还有这样一些人：他们柔声地对善恶进行布道。

这些昏昏欲睡的人有福了。

已经有超人了吗？我们文化的价值。

---

1 参看《查拉图斯特拉如是说》第一部"德性讲坛"。——编注

4 [255]

他们在尘世的边缘编织，他们敏锐的眼睛在这种朦胧中变得盲目。

4 [256]

发明千百种生活方式——不再只是为了畜群!

4 [257]

食物和菜肴暴露了他们——这就是庸常! 我们必须学会使庸常变成高贵。

4 [258]

渴望和询问并只流下眼泪等等。——反对宗教人。

它不再诚实。它达不到信仰的程度!

因此: 放弃朝向这方面!

4 [259]

我想听到你们的主导思想，而不只是听到你们已经摆脱疯狂。

你们是那种可以逃脱疯狂的人吗? 还是你们在抛弃你们的顺从时，抛弃了你们的终极价值……

自由，从何处来? ——查拉图斯特拉还会在乎什么，如果你们在以下问题上侧目而视: 自由向何处去?

我想听到你们的主导思想，让它在我面前赦免你们吧！——否则我会用我的思想像鞭笞一样抽打你们的耳朵。

4 [260][1]

一个太阳，知识之蛇盘绕着它。[2]

4 [261]

"尘世"——你必须学会以不同的方式感受它。

消除取自一个未知世界的虚假的价值尺度

人高高在上——也〈许〉一种更高的生物(Wesen) 会突然成功！

4 [262]

(章〈节〉) 所谓的上帝之爱与"一切为了我们最好的东西"

4 [263]

善想要通过古老来保存自己

4 [264]

他们很想逃跑：但他们找不到通往其他星球的路，所以他们相信有地下的路——完全不同的类型而且仿佛是秘密路径。——罕见的状态被认为是超

---

1 参看《查拉图斯特拉如是说》第一部"赠予的德性"。——编注
2 参看《旧约·创世记》。——译注

尘世的。狂喜和痉挛同在。

对我来说，你们的爱不够富足，对宇宙的爱不够富足！

我们的感觉——这是直到你和我的整个人类的过去：被创造的价值。

我们更高的感觉——如果我们不给它们一个新的目标，我们就必须根除它们！

没有天上这朵昏暗的云，或许你也就没有昏暗的知识！

4 [265]

我的艺术方向：不在边界之处继续创作！而是在人类的未来！必须有许多能够照着它们生活的形象在此！

4 [266]

反对彼世论者。

你的生命是一种试验和你的试验的纪念碑。

艺术家造成的影响是，生活并未得到改善。艺术家本身多半是其作品的牺牲品。

精神的忏悔者
创造者。

4 [267]

放弃这种彼世 (Hinter-Welt)，是有一种牺牲在里面的。男性气概!

尘世满足不了我们——因此是天堂——错误结论。

自然禁止你们这样闯入!

起初，一个皱巴巴的块茎，以及一个邪恶的根茎被滴下几种毒药——每一种感觉。

4 [268]

创造者是创造新价值的人。但艺术家不是!

4 [269]

个人的集会(节日)

4 [270]

我有一把弓，诸神啊! 何种弓呢——针对诸神本身的一把好弓!

大考验: 你准备好为生命辩护了吗? 或者为你自己而死?

在最低阶段仍然忍受它。

对一些人来说,疾病通向这第二条道路。

放弃。

伟大的中间。——关于生死意愿的决定。

国家、教会以及建立在谎言基础上的一切,都是为死亡说教者效力的。

你们认为,你们谜题的答案一定是在黑暗中!但是看看蠕虫的命运吧。答案在你们的目标和你们的希望中: 它就是你们的意志!

从来没有任何上帝干涉过! 但是你们太屈从于传统,甚至自然。

但是有知识的人看到, 每一个爱和太阳是如何向丑陋的杂草倾斜的。

有的鸵鸟把头埋入极细小的沙子里。

4 [275]¹

如果你从一种低级的德性迈向一种高级的德性———

我愿首先给予你们尊严：你们当成为精神的忏悔者！

人们不应当毁掉废墟：青草、玫瑰和小香草，以及任何装饰它们的生物，这一切也都毁掉死者。

这个自我仍然被最好地证明，这个自我，它自相矛盾。

真的，世界对人〈类〉隐藏得很好。存在之腹永远不会对人〈类〉说话！

我为何告诉你们这些？于是骗子成了超人的向导

分离

4 [276]

决心。必定有无数的牺牲。一种试验。

---

1 参看《查拉图斯特拉如是说》第一部"彼世论者"。——编注

4 [277]

最甜的女人还是有苦味。

4 [278]

如果众人的利益就是我们的利益，那么当我们使众人受益时，我们就不要称此为德性。针对邻人之爱。

4 [279]

放弃你们这种虚假的观星术吧!

存在之腹[1]从来不会对你们说话。

4 [280][2]

3种变〈形〉

睡眠与德性

1001个目标

身体的蔑视者。

彼世。

本己的德性。

苍白的罪犯

山上的树

读与写。

---

1 此处"存在之腹"原文为 der Bauch des Seins。——译注

2 《查拉图斯特拉如是说》第一部之构思。——编注

死亡说教者。

新偶像。

孤独 2.1。

朋友。

战士。

邻人之爱。

贞洁。

创造者之路。

妇人。

毒蛇之咬。

婚姻。

死亡。

神圣的自私。

1884年夏至1884年秋笔记*

27 [1]

对"意志自由和不自由"的深思熟虑使我想到了一个解决这个问题的办法，人们根本不可能想到比这个更彻底和更具有终结性的答案了——即清除这个问题，凭借下面这个已经达到的洞见：根本没有意志，既没有自由的、也没有不自由的意志。

27 [2]

在特定情况下行为是跟在思想之后的：同时随着思想而产生的是命令者的情绪——它包括自由的感觉，人们大体会把这种感觉移入"意志"本身中（而它只是意愿的一种伴随现象）

27 [3]

所有生理过程在下面这一点上都是相同的：它们都是力的释放，当这些释放抵达感性协同（sensorium commune）时，就导致了特定的提高与强化：这些提高与强化，与构成压迫、负担的强制状态比较考量，就被解释为一种"自由"的感觉。

27 [4]

自身克服，这一道德领域的研究者对自己的要求，是这种克服，即不要对他被教导要崇敬的状态与行为持有成见；只要他是研究者，他就一定"打碎他的崇敬之心"。

27 [5]

洞见了道〈德〉价值评估所借以产生的条件的人，并未因此就触及这些条件的价值：许多有益的事物，同样包括重要的洞见，都是以错误和不讲方法的方式被发现的；一切品质，即使人们已经了解它是在什么条件下产生的，仍然是未知的。

27 [6]

所有功利主义的背后都假定了"为了什么功利？"（即幸福：可以说是英式幸福，comfort [舒适] 和 fashion [时髦]，舒适，ἡδονή [享乐]）众所周知的事情；所以这是经过伪装的伪善的享乐主义。而这里首先必须证明的是，在一个共同体这里或甚至对于全人类，福祉、福利"本身"都是目的而不是手段！个人经验教导我们，不幸的时期有很高的价值——诸民族和全人类所处的不幸时期也一样。对痛苦的恐惧和憎恨是群氓的习气。

27 [7]

感觉只有在刺激达到特定强度时才会产生：在这个时刻，中枢器官对该刺激与整个有机体的关系

176

做出断定，并以"快乐"或"痛苦"使之被意识认识到：也就是说是智力的产物，正如颜色、音调、温暖等等。

27 [8]

人作为杂多 (Vielheit)：一方面是这种杂多，另一方面是各部分从属以及编列为一个整体，对这两者之间的奇妙交往互动，生理学只是给出提示。而由某个国家必然推断出一个绝对君主 (臣民的统一)，则是错误的

27 [9]

有如此之多失落了的不幸——就像世界空间中阳光之温暖的最大部分那样失落了

27 [10]

非同寻常的人通过不幸学习到，那些评判他的人所摆出的庄重可敬是多么没有价值。他们会裂开——当人们令他们的虚荣心受伤时——，露出一头刻薄狭隘的畜生。

27 [11]

灵魂的伟大与精神的伟大是分不开的。因为它必然包括独立；但若没有精神上的伟大，则不当允许独立，它会闯祸，甚至是因为想与人为善和践行

"正义"。那些卑弱的精神不得不顺从——也就是说不可能拥有伟大。

27 [12]

像一个斯多亚派那样坚忍,这没有什么,通过麻木不仁人们也从自身脱落了。人们必须在自身中拥有对立面——细腻的感受与抗衡的强力,不是要血战到死,而是将每一次不幸都以重塑的方式"转变为最好的东西"。

27 [13]

"灵魂的救治",跟所有道德学家所聒噪的幸福相比,是一个饱满充实得多的概念。它的精细含义应该是,整个意愿着、创造着、感觉着的灵魂及对它的救治——不只是像"幸福"及诸如此类者那样的某种伴随现象,——对"幸福"的欲望是长废了的或没有长好的人类、无权力的人类的特征——所有其他人都不会去思考"幸福",而是他们的力量想要出来。

27 [14]

"自由或不自由的意志"。

不利己的行为。

"一切皆允许"(如在国家那里)

欧洲的伪君子。

宗教情绪。

迄今为止最高的权力感觉。

"科学"作为手段，以经济学的方式思考

"善人"的益处。（畜群动物）

道德生理学。

27 [15]

"人类是平等的"和"群体利益高于个人利益"和"通过个人利益，群体利益也必然得到最好的促进"和"个人过得越好，总体福祉就越大"——这些是来自英格兰的普遍流行的狭隘见解。在这里，这是用概念和言辞表达出来的畜群本能。

现在反过来，是基督教在教导，生活是对灵魂的考验与教育，在所有的福祉中都存在危险。它懂得坏事的价值。

27 [16]

我教导：人类有高等与低等，在某些情况下，一个人可能就证明了整整数千年的正当性——即一个充实、丰富、伟大、完整的人相对于无数不完整的碎片人而言。

179

我教导：畜群试图确立一种类型并对抗两方，既对抗从他们这里蜕变者（罪犯等等），又要对抗那些凌驾于他们之上者。畜群的趋势指向停滞和保存，他们这里没有任何有创造性的东西。

善人、仁人、义人在我们心中注入的愉悦感（与伟大新颖的人所激发的紧张、恐惧相反）是我们的个人的安全平等的感觉：畜群动物这时会赞颂畜群天性，然后自我感觉良好。这种对舒适惬意的判断用美丽的言辞掩盖自己——于是产生了"道德"。

但是且观察一下畜群对真诚者的憎恨——

最明确的意志（作为命令）是一种模糊的抽象，其中包含了无数个别情况，所以也包含了无数通向这些个例的道路。现在是什么导致实际发生的那一个情况的脱颖而出？事实上，当命令发布，无数个体都参与执行，他们都处在一种完全明确的状态中——他们就必须理解命令以及这时各自的特殊任务，即必须总是有新的命令（和服从）层层下达，直到最微末处，然后，当命令被分解成无数更小的子命令时,运动才可能进行,它从最后一个也是最微末处的服从者开始发动——这样就发生了一次倒转,就像梦见大炮射击时一样。

这里已设定了前提,即整个有机体是在思考的,所有有机的构形物 (Gebilde) 都参与了思考、感觉、意愿——因此大脑只是一个庞大的中枢装置。

27 [20]

寻求幸福? 我做不到。造就幸福? 可是还有那么多对我来说重要得多的事情。

27 [21]

在快乐与不快乐时,首先是诸事实被像电报一样发给了神经中枢,在那里事实 (伤害) 之价值被确定,然后疼痛被定位在伤害发生的地方,意识的注意因此被引到这个地方,并通过疼痛的程度和质量而得到指示,亟需给予多快的帮助。——这发生得有多快——因为,比如在一次操作失误时,反向运动是由于一次意志动作 (Willens-Aktes) 才从意识那里过来,而且这时必须先确认所有的单个命令,——然后运动以倒转的顺序依次发生!

也就是说: 对于每一次快乐与不快乐, 思考都是必要的（即使它没有进入意识）并且，只要由此促发了相反的作用，意志也是必要的。

27 [22]

一个人，若无论对金钱还是荣誉还是获得有影响的门路或者官职，都从来没有想过——这个人还应该认识人类吗？

27 [23]

查拉图斯特拉1 各种各样的高等人及其困顿与萎缩（单个例子比如杜林，毁于孤立）——总的来说，高等人在当下的命运是那种看起来注定要灭绝的命运：就像一阵巨大的呼救声传到查拉图斯特拉的耳中。各种各样的高等天性的疯狂蜕变（例如虚无主义）都向他靠近。

查拉图斯特拉2——"永恒轮回的学说"——起初对高贵者来说是会将其压碎的，貌似灭绝他们的手段——那么剩下来的是那些低等的、更不敏感的天性？"人们必定会镇压这种学说并杀死查拉图斯特拉。"

182

查拉图斯特拉3 "我给了你们一个最困难的思想：也许人类会因它而毁灭，也许会因为排除了被克服了的敌视生命的元素而得到了提升。""不要对生命发怒，而要对你们自己！"——将高等人规定为创造性的人。对高等人的组织，对未来统治者的教育作为《查拉图斯特拉》3的主题。你们的强权必让你们在统治与塑造中对自身感到快乐。"不仅是人类，超人也会永远回归！"

27 [24]

自由和权力感。游戏中克服巨大困难时的感觉，比如演奏家；自己对于随着意志做出恰如其分的动作的确信——这时有一种恣肆 (Übermuthes) 的情绪，命令者的至高主权。这时必定有抵抗、压迫的感觉。——但是这时也有一种对意志的欺骗：不是意志克服抵抗——我们在2个同时进行的状态之间做出一个综合，然后将某种统一性放入其中。

意志作为虚构 (Erdichtung)

1) 人们相信，意志自己运动（而它只是一个刺激，在它到来时一个运动开始

2) 人们相信，它克服了抵抗

3) 人们相信，它是自由和有主权的，因为它的

起源始终对我们隐而不显，并且因为它伴随着命令者的情绪

4）因为人们在最普遍的情况下，只有当成功可以被预期时，才会意愿，所以成功的"必然性"就被当作力量归于意志。

27 [25]

快乐作为权力感觉的使自己能被感觉到的增长。

快乐与痛苦是某些不同的东西，而非对立的东西。

27 [26]

本能的杂多状态——我们必须假定有一个主人，但它不在意识中，而是，意识是一个器官，就像胃。

27 [27]

以肉身为线索，我们把人当作是诸活体 (belebter Wesen) 组成的一种杂多状态来认识，这些活体部分在相互斗争，部分在相互从属和排序，在对个别活体的肯定中也不自觉地肯定了整体。

在这些生命体 (lebenden Wesen) 中，有些在更大程度上是统治者而非服从者，在它们之间又有斗

争与胜利。

人的总和状态具有有机体的所有品性，那些品性中一部分始终在我们这是处于无意识的，〈一部分〉则以冲动的形态而被意识到。

27 [28]

我们凭借不同的价值感把这些冲动彼此分离开来，价值感是诸冲动对于我们的保存或大或小的重要性、它们事实上的等级秩序的后果。

27 [29]

根据我们生命的环境与条件的不同，一种冲动作为得到最高评价和具有最高统治地位的冲动而突显出来；思考、意愿和感觉都使自身成为特别适用于它的工具。

27 [30]

如果人的绝对条件是一个共同体，那么这个共同体借以保存的那个冲动就会在人身上得到最强有力的发展。它越独立，畜群本能就越萎缩。

27 [31]

请注意！我们所感受为不同的质的东西，是在这些质发生特定的改变时产生的。在道德事务中也是如此。这里产生了某人对行善者、有益者的附带

感觉，他感知到一种人类品质的特定的量；当这个量增大到两倍、三倍时，他对这种品质感到恐惧－－－

一个行为的价值取决于谁在做以及它是源于他的基底还是他的表面：亦即，取决于此行为在个体那里有多深。

一个行为的价值是可以确定的，如果人本身是可认识的：对此应予以普遍的否认。

我们在我们自己这里也是通过征兆 (Zeichen) 来推断一个行为的起源的：这些征兆是我们先于行动而发生的情绪、模本、目的等等。

一个行动根据目的而展开，这是常见的情形：但在这里目的不只是原因，而是诸过程的结果，正是这些过程构成了实际行为的条件。

我们为人类未来而工作的场地，就在一切尚处于未被塑形之处！

自然科学想要用它的公式来教导对自然力量的

征服: 它并不想用一种"更真实"的见解取代经验—感性的见解(像形而上学那样)

道德的奠基

· · · · ·

畜群的成见。	没有
强权者的成见。	良知的伪善
不独立者的成见。	

I.

人的可认识性。

诸冲动的等级秩序

论意志。

"非利己"。

惩罚与奖赏

高等人与低等人。等级秩序。

"全人类"和所谓的善人的益处。

"目的"。

宗教情绪与道德。

道德生理学。

当下

权利与义务。

性冲动

勇敢

忠诚。

27［38］

所有生命皆以谬误为基础——谬误何以可能？

27［39］

在空中航行的时代，通过邻人进行的非自愿相互监督（Beaufsichtigung）将不复存在，人类没有好到可以进入这样的时代

27［40］

舒服、安全、胆怯、懒惰、懦弱，正是这些企图取走生命特有的危险并想要"组织"一切——经济科学的道貌岸然

当危险巨大、境况不安全时，人类这种植物会最有力地蓬勃生长：不过当然，这时大多数人会毁灭。

我们在认识的世界中的地位是足够不安全的——每个高等人都觉得自己是探险家。

27［41］

人们若想走出透视的世界，那他们就会毁灭。即使是对那些已经被融入的巨大骗局的撤销也将摧

188

毁全人类。人们必须承认和接受许多虚假和不良的东西。

27 [42]

1) 论在作为畜群道德之起源的"人人等同"前的伪装。

恐惧。理解自身的意愿。相同的样子。

变得相同——畜群动物的起源。(传统、习俗在这里的意义)总是还有普遍的伪善

道德装饰品,作为对可耻天性的乔装改扮。

2) 论对强权者的谄媚作为奴隶道德的起源(谄媚与崇敬、夸大、匍匐在地和自身渺小化的亲缘关系)

——与畜群相对的畜群动物之理想(相同)

——与强权者相对的最怀有敬意、最有用的工具(奴性)"不同"

(这导致了一种双重的伪善)

27 [43]

高等人类与畜群人类

如果没有伟人,那么人们就会从过去的伟人中造出半神或全神: 宗教的破灭证明,人类不再从人身上感到的快乐(——"从女人身上也没有",用哈

189

姆雷特的话说）或者：人们把众多的人聚成一堆，作为议会，并盼望他们起到像暴君那样的作用。

27 [44]

"暴政"（Tynannisirende）在伟人这里是事实：他们把卑微者搞愚蠢了。

27 [45]

宁愿身处险境、全副武装地生活，也不愿在这种相互间懦弱的畜群友谊中生活！

27 [46]

所有迄今在某些方面起过决定作用的人都是恶的。

27 [47]

人们在哲学家这里应该注意下面这些情况：有某种恶心，一种受够了的感觉潜藏在背后，比如在康德、叔本华、印度人那里。或者：像在柏拉图那里会有一种求统治的意志。

27 [48]

对生成变化的考察表明，欺骗与想要自欺，非真理都属于人类的实存条件：人们有朝一日必须揭开面纱。

190

27 [49]

畜群形成的必然性在于 (弱者的?) 胆怯——与邻人接触时的那些友善感情，如果他表现出自己是"善意"的，而不是伤害或威胁

27 [50]

在认识中，狡计、桀骜不驯的发展。

27 [51]

对母爱的误读，是由那些从中得到好处的人做出的——也通过母亲自身。

27 [52]

一只做出一次笨拙跳跃的老虎，对自己感到羞耻。

27 [53]

快乐——一种由程度不同的不快乐构成的比例感 (Verhältniß-Gefühl) ——也就是结合了记忆与比较！

27 [54]

第一阶段的善意: 不愿弄痛。

27 [55]

自然界中有如此多的事物可以被计数与计算，这是何等的好事——简而言之，我们那进行伪造的

狭隘的人类知性并没有为万物立法－－－

27 [56]

在伪装 (装作相同) 的视点下看道德, 狡计与伪善("装作不认识自己") ——伪造对心情的表达(自制)以唤起一种误解

在装饰、乔装改扮、美化谄媚的视点下

在以安全感为目的的自欺的视点下

在以造成惊吓为目的的自我赞颂的视点下

在部分作为报复自身、部分作为报复他人的失意与失败者的视点下

在无条件下命令者或服从者的视点下

在从自身脱落的个体的视点下

在一个特定品种的人的驯服的视点下 (立法者与君主作为培养者,还有公共舆论。)

善恶的彼岸: 论对承担最高义务的统治者的天性的教育

27 [57]

请注意! 对应于整体的双重含义性, 一个器官的双重含义——

192

永恒轮回
一次预言

第一部分。最困难的思想。

第二部分。善恶的彼岸。

第三部分。人与超人。

27 [59]

人类与动物相反，在自己中培育了大量相互对立的冲动和脉冲 (Impulse)：凭借这种综合，他成为地球的主人。——道德，是这个多层次的冲动世界中诸种限定于所在局部的等级秩序的表达：这样人就不会因为它们的矛盾而毁灭。也就是说，一个作为主人的冲动，其对立冲动被削弱，精细化，成为脉冲，提供了对主要冲动的活动的刺激。

最高等的人的冲动会达到最大的杂多状态，也处于相对最大的、还可以被承受的强烈状态。事实上：在人类这种植株显示出强大的地方，人们会发现诸种猛烈地相互冲突的本能 (例如莎士比亚)，但它们都受到了制约。

1　参看25[1]及注释。——编注

对那些统治者德性的教育，那些德性也会主宰统治者的善意与同情，伟大的培育者德性(相反，"原谅他的敌人"则是一个玩笑) 会把创造者的情绪提升到高处——不再雕刻大理石！ ——这些造物作为例外并掌握权力的位置，与此前的君主们相比: 拥有基督灵魂的罗马皇帝。

请注意! 当人们了解了产生过程的条件，他们还并未了解那产生出来的东西 (das Entstandene)! 这个定理适用于化学，也适用于有机物。

请注意! 关于精神的肤浅性! ——没有什么比精神那种自我满足的"内观肚脐"更危险的了, 正如在婆罗门那里!

请注意! 所有感受、所有感性知觉起初都处于跟有机体的快乐或不快乐的某种关系中: 绿色、红色、坚硬、柔软、明亮、阴暗，都意味着某种关系到它们的生命条件 (即有机进程) 的东西。事实上，许多人对这些感受已变得"无所谓"，亦即既不快乐也不痛苦，他们的快乐和不快乐的基底现在已蚀空了。但是在艺术家身上它又出现了！——同样，所有形式和形态起初都意味着某种关系到有生命造物的快乐和不快乐的东西（——它们意味着危险、恶心、舒适、安全、友谊、和平）。——我以为，在所有感受中都包嵌着对有益和有害状态的特定评估、特定表象，比如在恶心时，这尤其明显。快乐和不快乐作为倾向或反感——？

27 [64]

我们从事物那里只会感受到所有与我们有关（或曾经有关）的东西——整个有机进程在我们内部得出了它的结论。"经验"也就是所有那些反应动作（*Reaktionen*）——当我们对外在或内在于我们的某物做出反应时——的结果。——我们将我们的反应动作（*Reaktion*）跟我们对之产生反应的事物融合在一起。

27 [65]

习以为常的错误：我们信赖意志，这使大量复杂的熟练动作得以可能。命令者将自己与服从的工具（以及他的意志）混淆

195

那个倒转进程不是必定无处不在吗，例如在钢琴演奏者那里，首先是意志，然后是把任务相应分配给从属意志，然后是从最后、最低的组合中生发出运动——最粗糙的机械关系一直到最精细的触觉神经？

即：和弦、力度、表达，所有都必须事先已经在那里了——：必须已经有服从和服从的可能性！

计划

（我们处在对事实的确定之中）

描述，而不是解释。（例如形态学，作为对前后相继状态的描述）

这类描述的最终意图：实践中的掌握，为未来服务。

暂时性的人与方法——探险家（事实上历史中的一切都是一种尝试）

这样一种暂时性的对获得最高力量的构想就是宿命论（自我–命运）（"永恒轮回"的最极端形式）

为了忍受它[1]，为了不成为乐观主义者，人们必须清除掉"善"与"恶"。

我的第一个答案：对最高级者与最优秀者（他们就整体而言被感受为狭隘的）的没落的悲剧性快乐：这确实是预感到一种还要更高级的"善"的神秘论（Mystik）

我的第二个答案：最高级的善与恶相互重合（fallen zusammen）。

27 [68]

我指出了比如空间等等在主观层面的产生，事情本身并未因此被驳倒，也未因此被证明。反对康德——

27 [69]

绵延属于感受：时间是"事件—时间"（Sach-Zeit），是因果性的———

27 [70]

最复杂的东西比最简单的东西包含更多促成信任的动因（比如精神性的东西——）肉身是线索。

---

1 此处"它"（ihn）从上下文来看当指"宿命论"（Fatalismus）。——译注

查拉图斯特拉1. 查拉图斯特拉在来拜访他的动物中间，向它们演说，——根据动物学视点的道德理论。

查拉图斯特拉2. 最高级的宿命论跟偶然以及创造性的东西是同一的。(在事物中没有价值秩序！而是先要创造。)

倘若有人从语言和历史出发，给出了人类营养观的产生根据，并演示出这类"价值判断"的发生和经过——那么关于营养对人类的价值，他还完全没有解决任何问题。对历史上各种实际营养的批判也一样。道德方面的情形也是如此：道德判断的起源有待描述——但这样做时，人类的实际行为方式、他的道德状态的历史，还没有随之被描述，更不用说被批判。而一般行为的价值是被触及最少的，并没有随着对行为之判断的历史的给出而给出－－－

灵魂的感觉——肉身的(伴随状态与后续状态疼痛是肉身的。

我把所有形而上学与宗教的思维方式都看作人类对一种朝向更高的、超人的未来的冲动对人类之不满的后果——只是，人类想要把自己藏到彼岸去：而不是在未来之上建设。对因人类的丑陋形象而受苦的更高等天性的一个误解。

杜林，肤浅地，看到腐败无处不在——我则毋宁说是感受到这个年代的另一种危险，即巨大的中等状态；从未有过如此多的端正和乖巧。

关于哲学家从他们事先就信以为善和信以为真的东西那里推导出结论的不诚实（伪君子做派，例如康德的实践理性）

我想要唤起对自己最高程度的不信任：我所谈论的只涉及体验到的事，而所呈现的不只是头脑里的过程。

我年轻时的误解：我当时还没有完全摆脱形而上学——但已有了对一个不同的人类形象的最深切

需求。我没有体验到罪恶感 (Sündhaftigkeit)，而是体验到一种饱满充实得多的现象——透过所有现代性的满足我看到的是贫乏。

"揭示出事物的所有虚假方面"49页。——我作为叔本华式悲观的严肃的推进者。

27 [79]

新启蒙

I. 对基本谬误的揭示 (其背后是人的懦弱、惰性和虚荣) 比如关于感觉 (和肉身)

纯粹精神性之物的迷途

因果关系

意志的自由

恶

人类中的动物。

道德性作为驯服

对行为 "出于动机" 的误解

上帝和彼岸作为形塑性的迫切渴望的错误抓手 (Griffe)

"纯粹认识" "真理冲动"

"天才"

总感觉: 人类普遍的失败状态取代罪恶感

2. 第二阶段: 揭示创造性冲动, 包括处于其隐藏和蜕变状态中的。

（"我们的理想不是理想", 丹纳的英〈国〉文〈学〉3, 42页[1]）

黑格尔–精神——叔本华–意志

隐藏的艺术家: 笃信宗教者, 立法者, 治国者作为塑形性的权力: 前提是: 创造性的不知足, 这种不知足的无辜——不是在人身上继续塑形, 他们从过去的伟人中造出诸神与英雄

3. 对人的克服。

对宗教的新立义

我与虔诚者的共感 (Sympathie) ——这是第一等级: 他们对自身的不满意——

自身克服作为对人的克服的阶段

27 [80]

永恒轮回。

一次预言。

伟大的序言。

新启蒙——旧启蒙是民主制畜群意义上的。使

---

1 尼采藏书: H. 丹纳, 《英国文学史》三卷本, 莱比锡, 1878—1880年。——编注

所有人相同。新启蒙想要为统治的天性指出道路——在何种程度上，畜群不可随意做的一切对他们来说都是允许的：

1 跟有活力之物的"真理与谎言"相关的启蒙。

2 跟"善与恶"相关的启蒙

3 跟造型的重塑性力量(隐藏的艺术家)相关的启蒙

4 人的自身克服。(对高等人的教育)

5 永恒轮回学说作为最强大的人手中的锤子，———

27 [81]

是否曾经有过一个人像我迄今为止所做的那样探寻过真理的道路——也就是说，对所有在宽慰我的直接感觉的东西，都进行反抗和反驳？而且———

27 [82]

永恒轮回。

第一章。新的真诚者。

第二章。善恶的彼岸。

第三章。隐藏的艺术家

第四章。人的自身克服

第五章。锤子和伟大的正午。

诗歌和诗歌残篇，1884年秋 *

* 包括笔记本 ZII 5b, ZII 7a 和 ZII 6a。——编注

28 [1]¹

献给所有创造者。
· · · · · · ·

不可分割的世界

让我们存在!

永恒男性

把我们卷入。² ³

28 [2]⁴

每个驼背都伛偻得更深了——

每个基督徒都在干犹太人式的肮脏交易——

法国人变得更加深邃了——

而德国人则日复一日,愈加浅薄!

1　参看《快乐的科学》1887 年版"致歌德"。——编注

2　参看歌德《浮士德》结尾诗句。——编注

3　此处"永恒男性"明显讽刺歌德《浮士德》里的名句:"永恒女性,引我们向上。"——译注

4　参看尼采1884 年 11 月底致薛赫夫(Resa von Schirnhofer)的信。——编注

28 [3]¹

太阳之恶。

* * * *

在清澈的空气中，

当露珠的安慰

降临于大地，

不可见，也无可闻——因为这安慰者的露珠，

如同所有安慰慈善者，穿着轻柔的鞋子——

于是你想起，你想起，热烈的心呵，

你曾多么渴望，

天国的泪水和露珠

你焦灼而疲惫地渴望，

那时在柔软的草地小径上

黄昏的阳光无声地

穿越你周遭的幽暗树木，

邪恶的太阳的灼热目光，

但太阳却无声无息，问我：

你这傻子承受什么

一只撕裂的幼虫吗？

1　《查拉图斯特拉如是说》第四部"忧郁之歌"的准备稿。——编注

一只诸神的幼虫？
你撕掉了谁的脸？
在人类当中贪恋诸神
你不觉得羞耻吗？
多少次了！

真理的追求者吗？我如此叹息——
不！只是一个诗人！
渴求幼虫，自身伪装。
撕裂的幼虫本身！诸神的幼虫欺诈！

在清澈的空气中，
当新月的镰刀
青绿夹着紫红
而且嫉妒地潜行，
——每一步都隐秘地
用镰刀割向
玫瑰花吊床，直到它们沉落
苍白地沉没于黑夜中
在那里，他变得更红了。

他站着，更红了

羞愧于自己的恶劣行径，－－－

28 [4]¹

荒漠在生长：苦啊，长大了：谁变成了荒漠！

荒漠是扑向尸体的饥饿。

无论泉水和棕榈都在这里筑巢——

荒漠巨龙的牙齿嚼着嚼着

因为沙子是牙对牙，是贪吃的折磨

这里石头上的石头令人瞠目结舌

永远在这里摩擦

下巴从不疲倦－－－

贪婪的饥饿在这里咬牙切齿

荒漠之龙的牙－－－

沙子是牙齿，是龙牙的种子

它磨了再磨——从不磨碎自己－－－

沙子是咀嚼自己孩子的母亲

她们的皮肤上插着飞刀－－－

28 [5]

你的刺痛啊，你会把我推到多远？

---

1 参看《狄奥尼索斯颂歌》"在沙漠女儿们中间"，科利版第6卷，第387页，第8—11行。——编注

我已经把天国推翻

随着新的天空,调味香料过剩

诸神敬仰——保持对你的胜利!

你的刺痛,我弄短了你的手

我麻痹了活泼的猫的脚

我曾经做过的事,让我感到羞耻

— — —　　　　打了结的结

— — —　　　　驯服了

— — —　　　　毛皮

　　　　　　 —紫杉木的

— — —　　　　舒服的

— — —　　　　快速地

— — —　　　　驱使

28 [6]

秋天的树

你们这些笨蛋,为何把我摇撼

我正处身于福乐的盲目中:

从来都没有一种惊恐更残酷地把我撼动

——我的梦,我的金色梦想已然消失无踪!

你们这些长着象鼻的犀牛啊

人家不是先搞得客客气气: 敲门呀! 敲?

出于惊恐, 我把一碗碗

金色的熟果子——投向你们的头脑。

28 [7]¹

在通往古希腊的新道路上

我曾想赎回你心中的德国人

你的齐格弗里德漫画, 帕西法尔!

28 [8]

远方雷声滚滚越过田野

滴滴答答下起了雨:

迂腐的学究一早就开始饶舌,

再也没法堵住他的嘴巴。

白昼狡黠地垂涎于我

熄灭了我的灯!

哦, 美好的夜晚! 哦, 孤独!

哦, 书本! 哦, 墨水瓶!

现在, 一切都苍白而让我厌烦

1　对理查德·瓦格纳的影射, 参看《善恶的彼岸》第256节。——编注

现在,当白天

厌倦了白天,当一切欲望的溪流

潺潺之声带来新的慰藉,

当悬挂于黄金蛛网里的整个天空,

对一切厌倦者说:"安息吧", ——

你为什么不安息呢,灰暗的心呵,

是什么刺激使你双脚流血地奔逃呢

你盼望着什么呢?

你这绝望者啊! 你也知道, ——

对那些向你观望的人,

你给予他们多大的勇气

唉,你如何悲叹! 我的诅咒朝向哪里?

唉,你放牧什么!

你还在放牧囚犯。

而对不安定的人来说

I 参看《查拉图斯特拉如是说》第四部"魔术师"第1节。——编注

牢房是多么安全!
犯罪的人被俘获之后
睡得多么安宁——

现在,当鼠辈创造了群山——

你这创造者在哪里?

呵,快来温暖我吧! 爱我
给我温暖的双手
不要害怕我的冰!
太久了,似幽灵一般在冰川上－－－

漂泊,盘旋
我不是坐在哪个平面上——
我把所有表面的尘埃
抖落,出于委身
就像狗一样

空洞,洞穴,满满的毒素和夜里的家禽
翻转的歌唱和恐惧,

孤独——。

你们这些拦路抢劫的强盗！现在我就是你们！
你们想要多少赎金啊？
就要多少吧——我的高傲这样劝告。
而且长话短说——我的另一种高傲这样劝告。

我静静地躺着——
伸展四肢，
犹如半死人，要有人来温暖双脚
——甲虫们因我而害怕

你们怕我吗？你们不怕绷紧的弓？
哎呀，有人会被它的箭矢射中

28 [10]¹

现在我还能领受一切
我的希望的鹰找到了
一个纯粹的全新的希腊
那是耳朵和感觉的福祉——

1　仅部分发表于科利版第8卷，第371，454页；也许是献给彼得·加斯特的？——编注

从沉闷的蜂拥而至的德国声音中
莫扎特、罗西尼、肖邦
我看到你这艘船，德国的俄尔甫斯
毅然转向希腊地带。

哦，别犹豫，快把船的渴望，
转向南方地带，那些福乐的岛屿，
希腊水泽神女们的游戏
从没有一艘船找到过更美的目标——

现在我还能领受一切
我的鹰向来为我看见的东西——：
尽管有一些希望已经消退。
——你的音响有如箭矢刺痛了我
那是耳朵和感觉的福祉，
从天上融化，落到我身上

消融后落到我身上的声音

出发，那最美的缪斯之船
毅然转向希腊地带

阿图尔·叔本华。

他传授的学说,已被人搁置,
他亲历的生命,将长存永世:
只管看看他!
他不曾臣服于任何人之下!

28 [12]

1) 你铺路的思想
   以前的勤勉
   创造的折磨
2) 对于爱的寻求——永远都是幼虫,
   必须找到被诅咒的幼虫,并且粉碎之!

28 [13]

是爱让我同行
那渴望的爱!

28 [14]¹

绵羊。

看那兀鹰！它急切地
往下凝视着深谷，
它自己的深谷，它在那里
盘旋于越来越深的深渊！
突然，直线飞行，
急速移动
冲向它的猎物。
你们会相信这是因为饥饿？
是因为内脏之贫乏？——
甚至这都不是出于爱
——一只羔羊对于鹰算什么呀！
它仇恨绵羊
就这样，我急切地
往下冲去，
冲向这羔羊的畜群
撕裂着，滴着血

---

1 参看《查拉图斯特拉如是说》第四部"忧郁之歌"。——编注

嘲弄那些惬意者

愤怒于羔羊的愚蠢－－－

28 [15]

——财富的罪犯

他们的思想犹如沉重的锁链叮当作响

28 [16]

他们发明了神圣而漫长的片刻

还有对月耀日和工作日的渴求

28 [17]

要简明：给我建议

否则你们就会耗尽我精神的骄傲

28 [18]

顽固的精神，精美而琐碎

28 [19]

怯懦的仁慈

28 [20][1]

爱恶人。

你们怕我吗？

---

[1] 参看《查拉图斯特拉如是说》第四部"忧郁之歌"和"高等人"第5
节。——编注

你们害怕紧绷的弓?
啊,会有人把他的箭放在上面!

哦,我的朋友们?
人们称为善的东西去了哪里!
所有"善人"去了哪里!
所有这些无辜的谎言去了哪里,去了哪里!
他们曾经观看人
于是上帝就成了绵羊

会说谎的诗人
自觉地,蓄意地
只有他能够说出真理

"人是恶的"
所有最聪明的人都还如是说——
安慰我。

非常健康和美丽
犹如斑驳的猛兽

谁像猫和强盗一样

原生于野外

跳过窗户

什么使人静止、僵固、冷酷、圆滑，

什么造就雕像和石柱，

人们把什么树立于庙宇面前，

展示出来

———德性———？

28 [21][1]

是真理的追求者？你看见他了？

静止、僵固、冷酷、圆滑，

变成了雕像，变成了石柱，矗立

于庙宇面前———说话，

你有此要求了吗？

不，你寻求的是幼虫

和彩虹的皮肤

野猫的勇气，跳过窗户，

进入所有偶然的荒野！

---

[1] 参看《查拉图斯特拉如是说》第四部"忧郁之歌"。———编注

不，你需要原始森林，

啜饮你的蜂蜜

非常健康和美丽

犹如斑驳的猛兽

28 [22]¹

厌世者
* * *

比我们今日和昨日

更多思想的时代，更破碎的时代

没有女人，营养不良

凝视着她的肚脐

——肮脏的妖精

臭气熏天!

所以他们发明了上帝的情欲

在一个阴天里

人们把箭和致命的思想

射向自己的敌人，

I　有关"厌世者"主题的早期箴言的汇集；也可参看《查拉图斯特拉如是说》第四部"影子"。——编注

于是他们诽谤那些快乐者

他们爱啊！而没有被爱
他们把自己撕碎
因为没人愿意把他们拥抱。

你们这些绝望者！对看着你们的人
你们给他们多少勇气！

他们忘掉了吃肉，
荒废了与女人游戏
——他们对群众感到悲痛。

不安定者也会多么确定
那是一座监狱！
被囚禁的罪犯的心灵
睡得多么安宁！
有良心者
只为良心所苦！

28 [23]¹

时代的彼岸。
* * * * *

这个时代就像一个病妇

只能让她尖叫、愤怒、咒骂,把餐桌和盘子捣碎。

被驱赶,被搅动

——你们已经坐在所有的表面上,

已经在所有虚荣的镜子上沉睡

——尘埃

人们有理由让这些人起疑

以崇高的姿态把他们说服

回来! 你们的脚步跟我太近了!

回来吧,免得我的真理压垮你们的脑袋!

犹如老迈民族那样兴奋

在大脑和私密阴部

1　早期箴言和短语的汇集;早期标题"时代";也可参看《查拉图斯特拉如是说》第四部"魔术师""影子"和"高等人"第 9 节。——编注

像狗一样俯首帖耳

28 [24]

半夜传来了一种叫喊声

——它来自荒漠

28 [25]

赞美贫穷。

对于财富的罪犯，

他们的思想冷酷

犹如锁链叮当作响，是我的歌

28 [26]¹

哦，美好时光现在向我绽放

哦，庄严的伟大的季节——

从北到南

诸神来客——陌生而未知，

无名者

你们神性而威严的客人

福报从高处向我涌来

就像芳香

---

1 《善恶的彼岸》终曲的开头几节。——编注

就像预兆不祥的风一样奔跑
从北到南
　　我的心，它的节日为之绽放

隐士不该继续寂寞！

时间临近了，庄严而美丽的伟大季节，
我的客人到来的地方——年中的时候，
现在我就像那个情人
他的渴望开始计时，
窥探、伫立、观看，沮丧而快乐，
直到受狭窄的房间压迫，
他把自己抛入偶然事件的幽暗胡同
——而当黑夜的风敲打窗户时，
用花枝，狡黠地唤醒沉睡者

6.诗人——创造者的痛苦

啊,拦路抢劫者! 现在〈我〉是你们的了

你们想要什么,赎金吗?

想要许多——于是我的骄傲建议——长话短

说: 我的另一种骄傲建议

我喜欢出主意: 这容易让我疲惫

我该往哪里逃离?

我静静地躺着

伸展四肢,

像个半死人,有人暖着我的脚

——甲虫害怕我的沉默

——我等待着

我赞成一切

---

1 结尾接着有: "7. 在清澈的空气中"。——编注

2 为"诗人。——创造者的痛苦"的第一稿。在笔记本 Z Ⅱ 8 中有一个
散文体稿本,几乎与诗歌稿本无别,参看本卷,31 [32]。——译注

树叶与草地, 幸福, 祝祷与雨水

28 [28]¹

由于你们的到来

由于你们的临近

——他们爱我

他们都在等待——我和所有人全谈过了

你们, 他们

28 [29]²

如果事情没有搞定

那就指着舞者的脚

就像双峰骆驼, 慢慢地

人和人走了过去

28 [30]³

空洞, 满是夜鸟的洞穴

被歌声包围, 充满恐惧

---

1 《善恶的彼岸》终曲的开头几节。——编注

2 参看《查拉图斯特拉如是说》第四部"高等人"第17节。——编注

3 关于《查拉图斯特拉如是说》的洞穴。——编注

226

我坐在这里,看着,看着——但出去!

在扯碎的花束中玩弄手指

当泪水从眼睑涌出

羞耻又好奇:哦,为谁而流啊!

那里－－－

我坐在这里,爱着,爱着——不为所动,

犹如那个湖,它－－－

谁把这镜湖看作魔法:在其中

牛奶、紫罗兰和花岗岩合为一体。

28 [32]²

1　红叶

许多美好事物不会从我身边溜走,我会忘恩负

义地离开

2　在上午。

3　从所有监狱中逃脱(婚姻、职务、位置等)

4　南方音乐

1　参看《善恶的彼岸》终曲。——编注

2　关于这一目录,可参看科利版第14卷,第714页。——编注

5　致希腊人(相对于德国人)

6　致基督徒(我不需要基督教)

7　对英国人的仇恨(相反,德－俄)

8　对一种崇高心灵的渴望

9　蜜之祭品——感恩

10　逆春而上(嘲弄)

11[1]　对为我准备的战斗精神的赞美

12　最严肃的男孩——哦,你老了就会变成小孩!

13[2]　致作为哲学青年的叔本华

14　致拿破仑(科西嘉岛)这个花岗岩般的男人何在?

15　关于长梯

16　对每个人都和蔼可亲,即使还有杂草

17　一个战胜了一切的人的幽默。

18　对男人之肤浅的嘲讽之歌

19　最隐蔽者(嘲弄一个永远被忽视的蒙面人)

20　致睡眠(等待3小时,说着话)

21　不是殉难者! 这也太狡猾了,我溜吧! (而且我的情况比你们所有人都更糟糕!)

1　参看《善恶的彼岸》第218节。——编注

2　参看《查拉图斯特拉如是说》第四部"蜜之祭品"。——编注

---

[1] 加林那霾(Calina):普罗旺斯的一种气流。——编注

28 [33]

"正午的思想。"
· · · · · ·
弗里德里希·尼采著。

1   致拿破仑(科西嘉岛:这个花岗岩般的男人何在?)

2   关于最长的梯子

3   对每个人都和蔼可亲,即使还有杂草。

4   一个战胜了一切的人的幽默。

5   对人的肤浅的嘲弄。

6   最隐蔽(嘲弄一个永远被忽视的蒙面人)

7   致睡眠(等待3小时。对他说话)

8   不是殉难者!(这也太狡猾了:我溜吧。而且
实际上我的情况比所有人更糟糕!

9   善好的欧洲人。

10 午夜时分启程。

11 加林那霾:我现在的危险,在盛夏,幽灵般的,
棕红色的,附近一切都太锐利了

12 致理查德·瓦格纳。

13 红叶(许多美好事物不会从我身边逃跑,我会忘
恩负义地离开!

14 在上午。

15 从所有监狱中逃脱(如职务、婚姻等)

16 致希腊人(反对德国人)

17 南方音乐

18 致基督徒(我不需要你们的基督教)

19 对英国人的仇恨(相反,德－俄

20 对一种崇高心灵的渴望。

21 蜜之祭品。大感谢。

22 逆春而上(嘲弄)。

请求失明(致太阳

23 对战斗精神的赞美——为我准备的。

24 最严肃的男孩(也即你老了就会变成小孩!)

25 致叔本华(即致哲学青年)。

28 [34]

我嫉妒勤勉者的勤勉:

日子闪着金光,一如既往地向他流来

又闪着金光,一如既往地流回,

落入幽暗的大海里,——

在他的营地周围盛开遗忘之花,一种放松四肢

的遗忘。

28 [35]

夜里——是什么在敲打我的窗户？

28 [36]¹

蜜之祭品。
* * * *

带给我冰冷新鲜的金色原蜜！

我用蜂蜜来献祭一切馈赠者，

赐予者、好意者——：提升心灵者！

28 [37]

先驱者的呼声
* * * * * *

精神饱满

从虚无和诙谐中创造

28 [38]²

你，夜里嫉妒地看着我呼吸

你想潜入我的梦里

28 [39]

曾经——这曾经多么遥远！这词就是甜蜜啊！

---

1 参看《查拉图斯特拉如是说》第四部"蜜之祭品"，科利版第4卷，第
296页，第8—11行。——编注

2 参看《查拉图斯特拉如是说》第四部"魔术师"第1节。——编注

"曾经",就像流浪的钟声,

那个日子来了,责任,犁头,

公牛的咆哮, － － －

28 [40]¹

哦,游戏的你们,

你们这些森林里的小孩,你们这些嘲笑的小孩,

你们不要逃避——不! 保护我,

把猎物隐藏起来,

留下来,听着! 因为,什么把我追赶,

从灰蒙蒙的早晨开始,穿越所有迷乱,

是猎人? 是拦路抢劫者? 是思想?

我还不知道,

但小孩们看到

还有儿童游戏 － － －

28 [41]

最美的身体——只是一个面纱,

更美的——害羞地把自己包裹于其中——

1　参看《查拉图斯特拉如是说》第四部"魔术师"第1节。——编注

致哈菲兹²。
·····
一个饮水者的问题

你给自己建的小酒馆，

　　　大于任〈何〉一栋房，

你在里面酿的美酒，

　　　所有人都喝不光。

从前曾是不死鸟，

　　　如今作客在你家里，

生养过一座山的老鼠，

　　　几乎就成了——你自己！

你是一切又全不是，是酒馆和美酒，

　　　你是不死鸟，是山和老鼠，

永远地堕入你自身之中，

　　　永恒地从你自身中飞出——

1　早先的标题为："虚幻的虚幻"(Vanitas Vanitatum)(笔记本 Z II5)；"傻瓜的敬酒词"，原为"傻瓜的清醒""一个敬酒词"(笔记本 Z II6)。——编注

2　哈菲兹 (Shamsoddin Mohammad Hāfez，约1320—约1389年)：波斯诗人，在波斯文学史上占有重要地位，为许多东西方诗人们所赞赏。著有波斯文《哈菲兹诗集》(1791年)。——译注

你是所有高峰的沉陷,

　　　你是一切深渊的假象,

你是全部沉醉者的醉态

　　　——对你何为,何为——佳酿?

28 [43]

在晨光中，一个女人羞怯地

对我如是说：

"你未醉时就已经醉醺醺了

喝醉了——将会如何极乐！"[1]

28 [44]

这里谁若不会笑，他就不应该读！

因为如果他不笑，"恶魔"会抓住他。

28 [45][2]

致德国蠢驴。

* * * * *

你们把这些乖乖的英国人的

平庸理智

视为"哲学"？

把达尔文与歌德并举

意思就是：损害君王之尊——

* * * * * *

---

1 此诗中的"醉醺醺"和"极乐"均为形容词 selig。——译注

2 参看《善恶的彼岸》第 228 节；早先的标题为："天才巨匠 (Majestas Genii) 和反达尔文"。——编注

天才巨匠！

对于所有平庸的精神而言
首要的——乃是一位大师，
跪倒在他面前吧！
把他推得更高更高
意思就是———[1]

28 [46][2]

向你们致敬，正直的英格兰人
向你们的达尔文致敬，他懂得
你们跟他的牲口一样善良！

你们英格兰人，廉价地高度赞扬
你们的达尔文，他懂得的
也无非是牲口的培育。

只有——把达尔文与歌德放在一起
意思就是损害君王之尊
天才巨匠！

1　此诗未完。——译注
2　参看《善恶的彼岸》第228节。——编注

28 [47]

看一件晨服。
· · · · ·

尽管穿着邋遢，不修边幅，
但从前德国人还算理智，
可悲啊，情况已经转变！
如今被扣在紧身衣之中
他们已经把理智转让
给了他们的裁缝——俾斯麦[1]！

28 [48][2]

致理查德·瓦格纳。
· · · · · ·

你，不安的渴望自由的精神，
饱尝一切枷锁之苦，
屡战屡胜，却越来越受束缚，
越来越被厌恶，越来越受折磨，
直到你从每一种香膏中饮下毒汁——

---

1 俾斯麦(Otto Eduard Leopold von Bismarck，1815–1898年)：普鲁士
王国首相 (1862–1890年)，德意志帝国首任宰相 (1871–1890年)，人称
"铁血宰相"。——译注
2 参看《善恶的彼岸》第256节。——编注

可悲啊！连你也倒在十字架旁，
连你！连你也是——一个被克服者！

面对这出戏，我站了好久
呼吸着牢房的气味，忧伤、怨恨和坟墓，
其中混杂着圣坛香烟和教堂淫荡之气
在这里我深感害怕：
我跳将起来，把小丑帽抛向空中！
因为我逃跑了——[1]

28 [49]

致斯宾诺莎。

以热爱之情专注于"万物归一"[2]，
一种基于理智的上帝之爱[3]，是有福了——
脱掉鞋子吧！这是何种三重神圣的国度！——
但在这种爱下面，却蔓延着
一种阴森森地闪烁的复仇之火：

---

1 此诗应未完成。——译注
2 此处"万物归一"(Eins in Allem) 也可译为"一切之一"或"一切中的
一"。——译注
3 "上帝之爱"原文为拉丁文 amor dei。——译注

——对犹太人的仇恨吞噬了犹太人的上帝！——

——隐士啊，我认识你吗？

28 [50]

致假朋友。

· · · ·

你偷盗，你的眼睛不干净——

你只是偷窃一种思想吗？——不，

谁也不能如此无耻地谦逊！

把此外这一切都拿去吧——

把我全部的所有都拿去吧——

然后吃个干净，你这头猪！

· ·

28 [51]

罗马的叹息。

· · · · ·

只是德意志的！不是托意志的[1]！现在德意志
种类如是意愿。

唯有与"教皇"[2]相关的，它总是如此——坚硬！

· ·

1　此处"托意志"（teutsch）是"德意志"（deutsch）的早期用法，起于公
元10世纪，在15世纪时产生了"托意志国"（teutschland）一词。——译注

2　此处"教皇"原文为 Babst，是尼采套用上句中的"托意志"（teutsch）
而对 Papst（教皇）的改写，即把硬辅音 p 改成了软辅音 b。——译注

28 [52]¹

"真正的德意志人"。
. . . . .

"最优秀的伪君子民族啊，
我始终忠实于你，无疑地！"
——他这样说，以最快的船
驶向国际大都市。

28 [53]

新约全书。
. . . .

这是最神圣的祈祷之书
幸福之书和苦难之书？
——其实在它的门口
耸立着上帝的通奸！

28 [54]

谜语。
. . .

为我解开这句话所隐藏的谜：
"男人发现，女人发明——"²
. . . . . .

---

1 早先的标题为："游吟诗人说和德国人当中的约里克"。——编注
2 注意此句中的"发现"(entdecken) 和"发明"(erfinden) 之 (转下页)

28 [55]

隐士说。

有思想？好啊！——那么思想就是我的财产。
但为自己制作思想，——这是我乐于忘掉的！
谁若为自己制作思想——他就被占有了
而我是决不愿意伺候的。

28 [56]

决心。

想要有智慧，因为这是我喜欢的
还是依照自己的名声。
我赞美上帝，是因为上帝把世界
创造得尽可能愚蠢。

还有，如果我要尽可能弯曲地
走我自己的路——
最有智慧者由此开始，
愚蠢者——止步于此。

(接上页)别，后者也可译为"虚构"。——译注

波浪不会停滞下来,

黑夜热爱光明的白昼——

"我要"之说相当动听

更美妙的则是"我喜欢!"[1]

所有永恒的源泉

永远向上喷涌:

上帝本身——他真的已经肇始?

上帝本身——他总是不断开端?

28 [58][2]

漫游者。
· · ·

一个漫游者穿过黑夜

行色匆匆;

弯曲的山谷和绵延的高地——

他随之而行。

夜晚是美丽的——

1 此处"我要"原文为"ich will","我喜欢"原文为"ich mag"。——译注
2 1876年7月为埃尔温·罗德 (Erwin Rohde) 的订婚仪式而作; 参看尼采1876年7月18日致罗德的信。——编注

他迈步前进，没有停顿，
不知道自己的路通往何方。

这时候，一只鸟儿在黑夜里歌唱：
"鸟儿啊，你做了什么事！
你为何要阻碍我的感官和双脚
把这甜蜜的心灵的烦恼
注入我的耳朵里，使我不得不站住
不得不倾听——
你为何要用歌声和问候来把我引诱？"——

这只好鸟静了下来，答道：
"不，漫游者，没有啊！
我没有通过鸣唱把你引诱——
我要勾引的是高地上一只雌鸟——
这跟你有何相干？
孤单如我，夜色不美。
这跟你有何相干？因为你只管前行
永远不要停下来，永远不要！
为何你还站在这儿？
难道我笛子般的歌声吸引了你，

你这漫游者啊？"

这只好鸟默默地寻思：
"难道我笛子般的歌声吸引了他？
为何他还站在这儿？——
这个可怜,可怜的漫游者！"

28 [59]¹

在德意志的十一月。

这是秋天：它——依然使你心碎！
飞走吧！飞走吧！——
太阳悄悄地爬上山
上升又上升
每一步都要歇一歇。

世界何以变得如此凋零！
在疲惫地绷着的弦上
风奏起自己的歌。
希望逃之夭夭——

I 1877年夏作于罗森劳巴德 (Rosenlauibad)；参看科利版第8卷，22
[93]。——编注

风儿为之悲叹。

这是秋天：它——依然使你心碎！

飞走吧！飞走吧！

哦,树上的果实,

你在颤抖下坠吗?

黑夜

教给你何种秘密,

使寒冰般的战栗笼罩你的面庞,

你紫红色的面庞? ——

你默然无语,你不回答吗?

还有谁在说话? — —

这是秋天：它——依然使你心碎！

飞走吧！飞走吧！ ——

"我并不美"

——紫菀花如是说——

"但我热爱人类,

我安慰人类——

现在他们应该还能看到鲜花,

俯身向我

啊！还把我采摘——

这时在他们的眼睛里突然闪现

回忆之光，

回忆那比我更美的花朵：——

——我看见了，我看见了——就这样死去。"--

这是秋天：它——依然使你心碎！

飞走吧！飞走吧！

28 [60]¹

在冰川旁。

正午时分,当夏日

首先登上群山,

这个男孩,有着疲惫的、热烈的眼睛:

他也在说话,

但我们只能看到他说话。

他的气息冒出来,犹如在发烧夜里

一个病人的气息。

I 1877年夏作于罗森劳巴德 (Rosenlauibad); 参看科利版第8卷, 22 [94]。——编注

冰山、冷杉和泉流

也给他应答，

但我们只能看到应答。

因为急流更快速地从山崖上跃下

有如为了问候

而且像颤抖的白色柱子，

急切地站在那儿。

冷杉树比通常，

更幽深更忠实地观望

在冰与了无生机的灰色岩石之间

突兀地爆发光亮——

我已看到这种闪光：这是我能解释的。——

甚至死人的眼睛

也会来一次回光返照，

当他的孩子充满悲伤地

拥抱他，挽留他，亲吻他：

这时候，光的火焰还会

再一次涌出，他死掉的眼睛

还会热烈地流露："孩子！

孩子啊，你知道，我爱你！"——

一切都炽热地说话——冰山

溪流和冷杉——

在这里用目光说着同一句话:

"我们爱你!

孩子啊,你知道,我们爱你,我们爱你! "

而他,

这个男孩,有着疲惫的、热烈的眼睛,

他充满悲伤地亲吻它们,

总是越来越热烈,

竟至于不愿离去;

从他的嘴里吹出他的话

只不过像云雾一样,

他的难听的话语

"我的问候就是告别,

我的来就是去,

我将年纪轻轻地死去。"

这时周遭都在倾听

几无声息:

没有鸟儿歌唱。

这时群山

阵阵颤抖

像一种熠熠闪光。

此时周遇都在思索——

还有沉默——

那是正午时分,

正午时分,当夏日

首先登上群山,

这个男孩,有着疲惫的、热烈的眼睛。

28 [61]

"漫游者及其影子。"

一本书

不再回来? 也不起来了?

岩羚羊也没有了轨道?

于是我等在这里,牢牢抓住,

眼和手让我抓住之物!

五尺宽的土地,曙光,

在我下面——是世界、人与死亡!

28 [62]¹

吉卜赛人约里克²。

一边是绞刑架,一边是绞绳索

还有刽子手的红胡子,

人群簇拥,满是恶毒的眼光——

这对我这种人来说毫无新意!

经历无数回合,我全然知道,

我笑着,当着你们的面叫道:

想要绞死我,没用、没用!

死掉? 我可死不掉!

你们这些乞丐啊! 因为你们会妒忌,

我获得了你们从来得不到的:

虽然我受苦受难,受苦受难——

但你们——你们会死掉,会死掉!

1　该诗也包括28 [67];早先的标题为"在敌人中间",据"致我的敌人"。——编注

2　约里克 (Yorick):莎士比亚剧作《哈姆雷特》中的宫廷小丑。——译注

尽管我死过无数回了

但我仍然有呼吸,有气味,有光明——

想要绞死我,没用,没用!

死掉? 死掉我可不能!

从前,在遥远的西班牙

钢管乐器之歌为我鸣响,

灯笼发出昏暗的光,

歌者响亮,快乐而狂放。

我欢欣地回想起我的

凶恶的敌人,带着愉快的嘲讽:

如果一种诅咒无法把你们救赎,

那就发出一种响亮的欢乐之声。

28 [63]¹

约里克-哥伦布。

· · · · · ·

女友啊! 哥伦布说,

不要再相信一个热那亚人²!

他总是凝视蔚蓝大海——

1　参看《快乐的科学》;作于1882年夏。——编注

2　哥伦布是意大利热那亚人。——译注

极远天际将他牢牢吸引!

现在对我,最陌生的最珍贵!
热那亚——它已沉没,它已消失无迹——
心啊,保持冷静! 双手把舵!
我前方是大海——还有陆地? ——还有陆地?

我想去那里——而且从此以后
我相信自己和自己的一举一动。
大海无边无际,我的热那亚船
驶人一片蔚蓝之中。

一切于我都是新的和更新的,
空间和时间远远地发出光芒——
还有那最美的庞然大物
对着我笑: 那就是永恒

自由精神。
・・・・・
告别
・・

"乌鸦们呀呀叫着

呼啦啦快速飞往城市:

马上就要下雪了——

现在有家可归者是有福的!

此刻你呆呆地站着,

你往回看啊! 已经多久了!

何以你这傻子

由于冬天而遁入——世界?

世界——是一扇门

通往暗哑而寒冷的无数荒漠!

谁若失去了你能失去的,

就无论如何也停不下来了。

---

1 早先的标题为:"致隐士。""来自冬日荒漠。""在德国的晚秋。""反反复复的同情。"——编注

此刻你苍茫地站着，
受了诅咒，要在冬天里流浪，
犹如烟雾，
总是寻求更寒冽的天空！

飞翔吧，鸟儿，发出咯咯之声
以沙漠之鸟的音调，唱响你的歌！——
你这傻子，把你流血的心，
掩藏于寒冰和嘲讽之中吧！

乌鸦们呀呀叫着
呼啦啦快速飞往城市：
马上就要下雪了——
无家可归者是不幸的！"

回答。
··

愿上帝怜悯！
他说的是，我渴望着回来
走进德国的温暖
进入沉闷的德国幸运客厅！

我的朋友,这里把我

抑制和保持的东西,是你的理智,

是对你的同情!

对德国人横向理智[1]的同情!

28 [65][2]

我爱你啊,墓穴!

你这大理石的谎言!

你们总是使我的灵魂

自由地面对最坦率的嘲讽。

只是今天我站着,我哭泣,

任我的泪水流淌

因为你,〈你〉这石刻的雕像,

因为你,你这石头上的文字!

而且——没有人需要知道——

这个塑像——我已经吻了它。

有那么多地方要亲吻:

1 此处"横向理智"德语原文为 Quer-Verstand, 或可译为"交叉理智"。——译注

2 科利版第 8 卷, 第 352 页, 十分不恰当地给该诗设了一个标题"虔诚的、仁慈的、最亲爱的"(Pia, caritatevole, amorosissima); 关于此点, 可参看《墨西拿牧歌》。——编注

从何时起居然要吻——声音！

谁能解释个中道理！

怎么！我是一个喜欢墓碑的傻子！

因为我承认，我甚至

还吻了冗长的文字。

28 [66]¹

2.

振作起来，约里克朋友！

如果你的思想折磨你，

就像现在这样，

就不要把它叫作——"上帝"！因为完全错了，

它其实只是你自己的孩子，

你的肉和血，

是使你烦恼和痛苦的东西，

是你的小淘气和捣蛋鬼！

——看看吧，怎么用荆条抽他一顿！

长话短说，约里克朋友！

---

1 开头的数字2允许我们猜想，该诗是一首诗的续篇，后者后来成为
《查拉图斯特拉如是说》第四部"魔术师"一节中魔术师的"悲叹"。——
编注

放弃这等阴暗的哲学吧——在这里

我还要悄悄地告诉你一句箴言

作为药物,作为祖传秘方

——那是我对付这种哲学怪癖的良药——:

"谁若爱自己的'上帝',就得惩罚他。"[1]

28 [67]

一边是绞刑架,一边是绞绳索,

刽子手在这里,还有刽子手的方式,

红鼻子,恶毒的眼光——

还有教士威严的胡子:

经历无数回合,我认识了你们——

痛快地唾弃你们的脸——

为何要绞死?

死掉? 死掉——我可没学会。

你们这些乞丐啊! 因为,你们会妒忌

我获得了你们——从来得不到的。

虽然我受苦受难,受苦受难

但你们——你们会死掉,会死掉!

<hr>

1　《希伯来书》12: 6的忏悔词。——编注

尽管我死过无数回了
但我找到了回归光明的路——
为何要绞死?
死掉? 死掉——我可没学会。

所以,在遥远的西班牙,
钢管乐器之歌为我响起。
灯笼发出忧郁的光,
歌者明亮,快乐而狂放。
正如我在聆听之际沉没于
我最深的水的深处,
我同样以为,我睡着了,睡着了
永远健康,永远患病。

1884年秋至1885年初笔记*

愿欧洲早日涌现一位伟大的治国者 (Staats-
mann)，让现在在平民短视的渺小年代被誉为"伟大
的现实主义者"[1]的人显得小器。

第一部分：把我的价值评估引进逻辑学中，比
如反对可靠性的公理，诸如此类。

我在什么地方可以如在家般亲熟？这是我寻找
最久的东西，这种寻找始终是我持续的灾殃 (Heim-
suchung)。

何以会爱上丑陋的语言，就因为我们的母亲说
过这些语言？如果在我和我的父辈们身上几乎没有
什么值得爱的，为什么要对邻居生气呢！

1   查拉图斯特拉

2   预言家

1　"伟大的现实主义者"指奥托·封·俾斯麦。——编注
2　参看《查拉图斯特拉如是说》第四部"阴影"，科利般第4卷，第340页
37行至第341页。——编注
3　《查拉图斯特拉如是说》第四部形象的最终清单。——编注

3 第一位国王

4 第二位国王

5 最丑陋的人。

6 有良知的人（Gewissenhafte）。

7 好欧洲人[1]

8 自愿的乞丐。

9 老教宗

10 糟糕的魔术师。

30 [5]

如果一个时代没有认识到它最伟大的精神，没有看到从自己的夜晚升起的最惊人的星辰，这并不总会给它招致责难。也许这颗星注定要照耀遥远得多的世界；也许倘若它过早地被认识，甚至会是一种厄运——可能是，这个年代会因此被引诱离开它的使〈命〉，从而对一个即将到来的时代又造成损害：把本应已经了结的工作留给它，这项工作也许恰恰更不适合这个即将到来中的时代的力量。

---

[1] 即阴影。——编注

30〇[6]

对道德价值评估的
批判。

30〇[7]¹

可是查拉图斯特拉，为好时光说句话！你今日邀请我参加你的晚餐：我希望你不会用这样的谈话来敷衍我吧？

一匹载满好酒的驴

你没有什么隐蔽的会流出酒的泉源吧

两只羔羊

谁要共餐，就必须也动手；这里有羊要杀，有火要点

就像森林里的野人

诗人当为我们吟唱

欢迎。

晚餐。

即席表演者。²

1　参看《查拉图斯特拉如是说》第四部"晚餐""欢迎"。——编注

2　也许对应于《在荒漠女儿中》一章。——编注

动物之谜。[1]

笑者之歌。

3o [8][2]

施魔法者。

我疲倦了；不然的话，我就会毕生寻求一个伟人。但甚至连查拉图斯特拉也不再有了。

我认识你，查拉图斯特拉严肃地说，你是所有人的魔术师，但我以为，你只为自己收获了厌恶。

你追求伟大，这一点使你感到荣幸，但这一点也把你暴露了：你并不伟大。

你是谁？他带着惊骇而敌意的目光说，谁能这样对我讲话啊？——

是你恶的良心——查拉图斯特拉答道，不理睬施魔法者了。

3o [9][3]

死在生活中，被埋葬入幸福之中，——谁如此———多少次他依然必须复活！

幸福啊，我通过恨和爱自己达到我的表面：太

1　在《查拉图斯特拉如是说》第四部中没有这支歌。——编注

2　参看《查拉图斯特拉如是说》第四部"魔术师"。——编注

3　参看《查拉图斯特拉如是说》第四部"正午"。——编注

久了，我悬于一种恨和爱的滞重空气中：这滞重的空气把我像球一样推来推去 [1]

明快 (Heiter) 啊，有如一个提前享受了其死亡的人。 [2]

世界不是正好处于安静中吗？宛若用幽暗的树枝和树叶，这种寂静缠绕着我，

我的灵魂啊，你要歌唱吗？但这却是没有牧人吹笛的时刻。正午安睡于田野上。

所有品尝了太多善 (Gutes) 的人们的金色悲伤。

我多久能睡足？我多久能醒来？

30 [10] [3]

在遇到重大危险时必须使自己可被理解，这种强制需要，无论是为了互相帮助还是为了服从，都使得只有能用相似符号表达相似体验的那一类原始人彼此亲近；若他们差异太大，他们在试图用符号达成一致时就会彼此理解有误：那么这种亲近，也就是最终结为畜群，便不会成功。由此可见，从整体上

1　参看《善恶的彼岸》第11节。——编注
2　参看《狄奥尼索斯颂歌》"日落"。——编注
3　参看《善恶的彼岸》第11节。——编注

267

来说，体验（或需求或期望）的可传达性是一种选择性、培植性的力量：更相似的人会存留下来。对于思考的强制需求，即整个有意识状态（*Bewußtheit*），是在必须达成一致这个强制需要的基础上才随后出现的。首先是符号，然后是概念，最后是习惯意义上的"理性"。就其本身而言，最丰富的有机生命也可以在没有意识的情况下运行：但一旦其此在跟其他动物的共在联结在一起，就会产生对有意识状态的强制需求。这种有意识状态何以可能呢？我离想出此问题的答案还差得很远（即只有言语，不再别的了！）；在适当的时候，老康德闯入我的脑海，他曾经问过自己一个问题："先天综合判断是如何可能的？"他最后以令人惊叹的德意志式深刻回答："凭借一种能力而可能"。——鸦片怎么会让人睡觉呢？莫里哀笔下的那个医生回答说：这就是 vis soporifica [催眠力]。在康德关于"机能"的回答中也有鸦片，至少是有 vis soporifica [催眠力]：有多少德意志"哲学家"依靠它而安眠！

30 [11]

知与良知。
· · · ·
弗里德里希·尼采。

30 [12]¹

我的朋友们，你们不了解你们的优势：当高等
人为这个时代而遭受苦难时，这只是愚蠢：他们从
未拥有过更好的。

30 [13]²

悲剧的诞生。

1872 年初在德国有一本书面世，书名很奇怪：
《悲剧从音乐精神中的诞生》，它的书名并不是唯一
引起人们惊讶与好奇的原因。据了解，其创作者是
一位年轻的语文学家，同时他受到了来自语言学工
匠那边的反对，也许甚至是在不知道哪个语文学派
的首领和牧人的挑动之下－－－

——一部独立、自足的书，上面写着来自一个神
秘灵魂的记号，并无意于－－－

——充满了青春与笨拙，焦躁，泛溢，aussi trop

1　为《查拉图斯特拉如是说》第四部"高等人"一章而作的笔记。——
编注
2　参看为《悲剧的诞生》所作的摘记。——编注

allemand［而且太德意志了］——有些几乎是对立的禀赋推挤冲撞于其中，也是

——带着一种作用于感官的精神性

——人们会不寒而栗地承认（假定：人们的皮肤是敏感的——），这里某人在谈论狄奥尼索斯式事物构成的阴森叵测的世界，犹如源自亲身经验（*aus Erfahrung*），犹如在伟大的接近与触碰之后，从所有国度中最陌生的国度返回，没有道出一切，没有隐瞒一切，隐藏在学者的冠服之下又隐藏得不够。

而理查德·瓦格纳，他从那种预言家本能——这一本能跟他那有缺陷而且偶然形成的教养处于如此的矛盾之中——的深处猜测到了，他遇上了会带来厄运的人，这个人手中掌握着德意志和德意志以外的文化的命运。[1]

1　尼采引用了载于1872年6月23日《北德意志汇报》的瓦格纳的"公开信"。——编注

1884/1885年冬笔记（1）*

对道德的实践性克服

在查拉图斯特拉第四部中有必要：确切地说出为何现在伟大正午的时代到来了：也就是说通过由来访者给出的一番时代描述，不过是由查拉图斯特拉来阐释。

在查拉图斯特拉第四部中有必要：确切地说出，为什么"被挑选的民族"必须首先被创造出来——这是长得很好的高等天性跟失败的人（其特征通过来访者得到刻画）之间的对立：只有在这些人身上，查拉图斯特拉才能传达关于最终问题的消息，他只能指望他们，会为了这一理论而展开活动（他们强壮、健康而且足够强硬，首先是足够高贵！），指望他们把砸向大地的锤子拿在手中。

那么就要在查拉图斯特拉中描绘：

I)　高等类型的最极端的危险（这方面查拉图斯特拉回想起他的初次登场）

I　《查拉图斯特拉如是说》第四部草稿。——编注

2) 善人们现在站在反对高等人的立场上：这是最危险的转折！（——反对例外！）

3) 孤立者，未受教育者，错误地解释了自己的人，他们都蜕变了，而他们的蜕变会被感受为反对他们之实存的理由（"天才神经症！"）

4) 查拉图斯特拉必须解释，当他建议移居（*Auswanderung*）岛上，他是在做什么，他为什么去拜访他们（1. 与 2.）（——对他最后的启示来说它们还不够成熟吗？）

31 [3][1]

在查拉图斯特拉第六部中，创作着的人、爱着的人与进行毁灭的人的伟大综合

31 [4]

在查拉图斯特拉第四部中：伟大的思想作为美杜莎之头：世界的所有特征变得僵硬，一场冻结住的垂死挣扎（Todeskampf）。

31 [5][2]

你是在说你自己还是在说我？但是，无论你是

---

1 为《查拉图斯特拉》的一个续篇而作。——编注
2 为《查拉图斯特拉如是说》第四部中的"魔术师"（=诗人）而作。——编注

泄露了我的还是你自己的底细,你都属于背叛者,你这个诗人!

——无耻地反对你所活出来的样子,盘剥你的体验,把你最钟爱者作为代价献给那些纠缠侵扰的眼睛,把你的血注入所有被喝干了的杯子里! 你这个最虚荣的人!

31 [6][1]

天才看到查拉图斯特拉就如同看到他的思想化为了血肉

31 [7][2]

最终: 睁开你的眼睛,看那完整的真相: 高等人的存在或不存在! !

31 [8][3]

"查拉图斯特拉啊,这就是你的悲惨! 不要自欺了: 众人的眼光使你忧郁, 因为他们是谦逊与卑下的? 但孤独的人要失败得多"——查拉图斯特拉引入相反的论据

1　未在《查拉图斯特拉如是说》第四部中出现。——编注
2　未在《查拉图斯特拉如是说》第四部中出现。——编注
3　《查拉图斯特拉如是说》第四部《苦难的呼声》一章中"预言家"的草稿。——编注

1) 关于对同情的大误解——人们保存了所有虚弱的、受苦的东西

2) 人们学会了"彼此彼此"(gleich und gleich)，由此隐修士杀死了好良知——被迫伪善与爬行

3) 统治阶层糟糕地代表着对高等人的信念，部分消灭了这一信念

4) 骇人的丑陋者帝国，那里是群氓在统治：那里最高尚的灵魂衣衫褴褛，并宁愿把丑陋表现得再夸张些，

5) 对他们的教育完全付之阙如；为了从自己这里救下些什么，他们必须把自己包在铠甲里，扭曲自己的形貌

总结: 高等人向查拉图斯特拉发出的苦难的呼声。查拉图斯特拉提醒他们要有耐心，他自己对自己毛骨悚然："我自己所没有体验过的，就是虚无！"他〈用〉他的极乐来敷衍自己，理解了下面这一点："这是最高的时间。"闷气爆发出来，嘲弄自己对极乐之事的希望。"你不愿帮助我们吗？帮助我们进行一场伟大的复仇！"你对不幸者是强硬的！——他们离去。

疑惧始终伴随着查拉图斯特拉。他把动物们派出去了。

查拉图斯特拉第四部。(计划。)

1. 蜜之祭品。

2. 高等人的呼救声。结群者。(约50页)

3. 查拉图斯特拉在高处的同情——但那是强硬的；持守着他的使命——"还不是时候"。

4. 查拉图斯特拉的嘲讽。当预言家将人刺伤，离去。

5. 派出动物，充满恐惧。

6. 第七种孤独：——最后"美杜莎的头"。(约40页)

7. 圣徒战胜了他。危机。突然跳起。(与虔诚的屈服 [Ergebung] 形成尖锐的对照)

8. "致伟大的天性。"胜利之歌。

9. 狮子与鸽群。动物返回(领会到：所有预兆都有了。)信使。

10. 向洞穴的最后告别(第一次，他的目光显示出永恒轮回的慰藉)

1   不安定者,无家可归者,漫游者——荒疏了对他
民族的爱的人,因为他爱着许多民族,好欧洲人。²

2   民族的阴郁而有抱负的儿子,羞怯,孤独,为一
切做好了准备, 他为了不成为摧毁者而选择孤
独——自甘作为工具而效劳³

3   事实 (facta) 的崇拜者,"水蛭的大脑",由于过
度而充满了坏良知,想要摆脱自己! 最精细的理智
的良知⁴

4   诗人,会突然由衷热切向往野生的自由,选择孤
独和严格地认识。⁵

5   最丑陋的人,他必须装扮自己 (历史感),总是
在寻找一件新衣袍: 他想要让自己的样子变得可以
忍受, 最终为了避免被看见而进入孤独——他感到
羞耻。

6   新麻醉剂的发明者,音乐家,施魔法者,他最终
拜倒在一颗充满爱意的心灵面前, 说道: 不要朝向

---

1   《查拉图斯特拉如是说》第四部草稿; 形象清单。——编注
2   参看"阴影"。——编注
3   未在《查拉图斯特拉如是说》第四部中出现。——编注
4   参看"水蛭"。——编注
5   在《查拉图斯特拉如是说》第四部中与"魔术师"重合。——编注

我！而要朝向那个我把你们引向的人！"

7   把一切送出去的富裕者，问每个人："在你这里是有某种盈余吧：分给我一些！"作为乞丐

8   国王，放弃统治：我们寻求那个更配得上统治的人！"[1]

9   天才（作为疯狂的附体）由于缺乏而冻僵"我不是思想，也不是上帝"——伟大的温柔。

"人们一定会更爱他！"

10   表演幸福的演员

11   两个国王，反对"平等"：缺乏伟大的人，因而缺乏敬畏

12   善人们   和他们的疯狂

13   虔敬者们   "为了上帝"我就是这样

14   那些"为了自己"   "为自己"的。[2]
        和圣徒

对没有边界的信任的需求，无神论，有神论

                忧愁－决断

美杜莎之头[3]

---

1   未在《查拉图斯特拉如是说》第四部中出现。——编注

2   未在《查拉图斯特拉如是说》第四部中出现。——编注

3   即对相同者永恒轮回思想的宣告。——编注

草稿。
. .

——蜜之祭品。

——苦难的呼声。

　与国王们的谈话。

　好欧洲人——对大海上的海难的叙述。

　水蛭之脑。

　自愿的乞丐。

　施魔法者

　最丑陋的人。（民众。）

——欢迎。

——晚餐。

——魔术师之歌。

　关于科学

　关于高等人。

——玫瑰谈话(Rosenrede)。

　隐修士叙述没落。

　关于第七种孤独。

　冻僵者。

1　并非《查拉图斯特拉如是说》第四部的终稿。——编注

誓言。

最后一次拜访洞穴：欢乐之信使。他在那里睡着。明天他起来了。笑着的狮子。

——伟大的变形和强硬化：用寥寥数语。避免"我"。

18: 110	6
108	
——	

8

做出 10 个

31 [12]¹

你想要去向何方？他大声问道，他的声音传回到他自己这里，陌生而且变了样。——"我不知道"

你的动物们——你的动物们在哪里？

哦查拉图斯特拉，现在你所爱的都不在人世了！²——他摔倒在地上，痛苦地叫喊，双手抓进土中。

一切皆是徒劳！

---

1 为《查拉图斯特拉如是说》第四部结尾而作。——编注

2 参看《查拉图斯特拉如是说》第四部"阴影"，科利版第 4 卷，第 340 页，第 22 行。——编注

3I [I3]¹

如果我在某事上失败了：我因此就失败了吗？而且如果我自己失败了，于我又有何要紧？人类也因此失败了吗？

此乃疾病与狂热。

3I [I4]²

笑着的狮子——"若还在两个月前，看到这一点或许就把我肉身中的心灵翻转了。

3I [I5]

你们正好在我心灵关闭之前来到了。我不原谅你们，你们竟然直到第I2个时辰才想进来。

3I [I6]

1　直到彻底揭露隐修士。

2　出自第七种孤独。

3　决断，"你想要所有都再来一次，所有此番等待以及诸如此类者。——"我意愿！（隐入黑夜中）

4　在最早的早晨。笑着的狮子，信使，但强硬而严

1　参看《查拉图斯特拉如是说》第四部中的"高等人"，科利版第4卷，第363页，第3—5行。——编注

2　为《查拉图斯特拉如是说》第四部中的"征兆"而作；参看"欢迎"，科利版第4卷，第351页，第19—20行。——编注

格,然而热烈(*glühend*)。

31 [17][1]

查拉图斯特拉对着他的朋友们打碎了自己的心

对着他的动物们。

对着他曾经爱过的一切

整个求正午的意志。

结尾: 他的心以酒神颂歌的方式破碎

31 [18]

(对他们说,我已经有了新的朋友们了——

31 [19]

(你比这些孩子更年轻。人们跟我说的是第二
次童年吗? 查拉图斯特拉第六部)

31 [20][2]

于是查拉图斯特拉起了床,犹如一轮从群山间
升起的旭日:他强壮而热烈地迈步走来——向着
他的意志所渴求的伟大的正午,并且向下走向他的
没落。

31 [21]

而那头狮子舔着滴落在查拉图斯特拉手上的泪

1　为《查拉图斯特拉如是说》第四部结尾而作。——编注
2　为《查拉图斯特拉如是说》第四部中的"征兆"而作。——编注

283

水。他的心灵于最内在处受到了感动，被翻转了，但他一词未吐。不过人们说，那只鹰嫉妒地观看了狮子的活动，如此等等。

终于，查拉图斯特拉从他休息的石头上起身：他站了起来，犹如一轮从群山中升起的旭日，强壮而热烈，如此等等。

31 [22]

1　午夜。

2　来自第七种孤独。

3　痊愈。

4　隐修士手上的誓言。

5.　信使朋友和笑着的狮子。

31 [23]¹

——连狮子也见证了这同一回事，但只见证了一半：因为狮子有一只眼是瞎的。

31 [24]

——他们两人放声大笑。"我们诗人可知道什么能装扮和支撑我们！我以为，等等。

1　为"笑着的狮子"而作。——编注

——一种自毁的冲动：抓向认识，这些认识会夺走一个人的全部依靠与全部力量

——如果你们感觉到对自己的快乐或不快的法则，再没有更高的东西：那么前进吧，为自己挑选舒适的而不是概率最大的意见：所以在你们这里是无神论！

——正如低等人仰望上帝，我们出于公平应该仰望一下我们的超人。查拉图斯特拉第六部。

——无神论和有神论的对立并不是："真理"和"非真理"，而是我们不再允许自己设立一个假说，至于别人，我们还是很愿意（更愿意！）允许他们设立这个假说的。虔诚是唯一可以容忍的平庸之人的形式：我们想要民众是信宗教的，以免我们在他们面前感到恶心：就像现在，群众的样子是令人恶心的。

1　为《查拉图斯特拉如是说》第四部中的"阴影"而作。——编注
2　为《查拉图斯特拉如是说》第四部中的"高等人"而作。——编注

31 [29]

——我们把自己置于更危险的境地，宁愿把自己交给疼痛，交给匮乏的感觉：我们的无神论是一种对不幸的寻找，而平庸种类的人在他们的肉身里对此根本没有理解。

31 [30]

正午与永恒

弗里德里希·尼采
第一部分：查拉图斯特拉的诱惑

31 [31]¹

天光渐亮，露水的慰藉降落到大地，看不见，听不到——

——慰藉的露水穿着轻柔的鞋，

你想起来了吗，想起来了吗，炽热的心，从前你怎样渴求天空的泪水，而承露的檐口 (Thaugeträufel) 烧焦了，你在疲倦地渴求着？

——在此期间，在枯黄的草径上，傍晚的夕阳穿过黑色的树丛，环绕在你周围，炫目的光线闪烁着，幸灾乐祸地。

---

1 《查拉图斯特拉如是说》第四部"忧郁之歌"的散文稿。——编注

你这个真理解放者？——他们这样嘲讽道——不！只是一个魔术师！一只动物，一个狡诈而偷偷摸摸的、在掠食的、必须撒谎的动物，

它必须故意、蓄意地撒谎，垂涎于猎物，有斑斓的伪装，自己是自己的假面，自己为自己搭桥——

这——真理的解放者？不！只是小丑！只是诗人！花哨地说话，从小丑假面下花哨地大呼小叫，在谎言的彩虹与云雾的桥梁上蹿下跳——

不像你看到的那些人那样是静止的，他们僵硬、平滑、冰冷，变成了图像，变成了神像之柱，立在神庙前，为一位神祇守门——

不，是这样的真理立像的仇敌，充满猫一样的恶作剧的坏心眼，穿过每一扇窗户跳进每一个意见中，在一切荒野中都比在神庙前更感到亲熟自在，

渴慕地嗅探每一片原始森林，你跑到那里用贪婪的唇吻嗅着，如同毛色斑斓的食肉动物，罪大恶极地健康而美丽（sündlich-gesund und schön），欢天喜地地善谑而嗜血。

或者如同长久地凝视着深渊的鹰，朝他的深渊里向着越来越深的深处向下盘旋，

然后突然径直地冲天拔起，向着羔羊俯冲，向下

追猎，饥火中烧，把怒气撒向所有羔羊灵魂、所有带着软绵绵毛茸茸的羔羊式善意张望的东西：

——就这样，魔术师的渴望 (Sehnsüchte)、你那些藏在千层假面下的渴望像雄鹰、猎豹一般，你这个小丑！你这个诗人！

你注视着人类，既如同上帝又如绵羊：笑着在人类中把上帝撕碎，把人类中的绵羊撕碎——

这，这就是你的幸福 (Seligkeit)！一只豹和鹰的幸福！一个魔术师和小丑的幸福——

天光渐亮，月的镰刀泛着绿光，在紫红色之间怀着妒意溜进，

——敌视白天，偷偷在玫瑰吊床上一下接一下地用镰刀割着，直到吊床掉落，在夜色降临中黯淡地下沉：

我自己当初也是从我的真理狂想中掉落，疲倦于白天，因光线而患病——向下掉落，向着西方，向着阴影，

受着唯一真理的灼烧而焦渴：——你还记得吗，火热的心，你记得那时你是怎样地口渴吗？——

还记得我受着所有真理的灼烧！只是小丑！只是诗人！——

288

谁使我温暖,谁还爱着我?给双火热的手吧,给一个心的火盆!

摊开肢体,战栗着,如同半死不活的人,人们把他的脚弄暖和,摇摇晃晃地,啊!发着莫名的高烧,在尖利冰冷的霜箭下发抖——

被你追猎着,思想!不可名状的、被遮掩起来的、创造性的思想!你这个藏在云层后的捕猎者呵!

闪电从你那里向下打出,你突然的眼睛,从黑暗中向我张望

——就这样我躺倒,我弯曲,我蜷缩,受尽永恒拷问的折磨,被你这最残忍的永恒的捕猎者、你这位不认识的神祇击中了!

击打得深入些,再击打一次!刺破、打碎这颗心!这场拷问怎么会用钝齿的箭?

你又在张望着什么,对折磨人类不感到疲倦,睁着那双幸灾乐祸的闪耀着神之闪电的眼睛?你不想杀死吗?只是拷问、拷问?

---

1 《魔术师的怨诉》散文稿,参看《查拉图斯特拉如是说》第四部"魔术师",一。——编注

你啊,在夜里也会潜入,充满嫉妒地聆听我的呼吸,窃听我的心,

闯进我的梦里, 朝我的梦中扔进削尖的怀疑之箭, 心碎的箭: 随时准备动手的刽子手之神, 为了什么!

为了什么而拷问我? 你想要为自己逼供出什么来呢? 你想要什么,要我说话吗?

或者我应该像狗一样在你面前打滚,奉献地激动地出离自我地摇尾乞求你的爱?

徒劳! 继续刺吧, 最残忍的毒针! 不, 不当狗——我只是你的野味,最残忍的捕猎者!

是你最自负的囚犯, 你这藏在云层后的掠食者! 最后说吧, 拦路打劫的, 你从我这里想要什么么? ——

你这被闪电遮掩者、不知名者,说吧,你,我的思想,你意愿什么,你这不知名的——上帝? ——

怎么? 赎金? 你想要什么赎金呢? 渴望许多——这暴露了我的自负。简而言之——这暴露出我的另一种自负!

哈哈! 你想要我吗? 我——整个的我? 哈哈! 那拷问我吧,你这个小丑,把我的自负榨干吧?

290

把爱给我——谁还使我温暖，谁还爱着我！给双温热的手，给个心灵火盆——

给我这个最孤独的人，寒冷甚至教会他去渴求敌人，敌人——给我，最残忍的敌人，把你给我吧，是的，把你奉献给我吧，你！

——哈！果然！他自己，我最后的唯一的享乐，逃走了！我伟大的敌人！我不认识的陌生者！我的刽子手之神！

不！回来，连同你所有的拷问！回到所有孤独者中这位最后的孤独者这里来——哦回来！

我泪流成河，向着你流淌！我最后的心之火焰——它向着你发热！哦回来，我不认识的陌生的神！我最后的幸福－－

31 [33]¹

——正如牧人越过汇集在一起的羊群攒动的背看过去：一片由灰暗的微小波浪汇集而成的海洋。

——我啪啪地拍打着你们的平浅状态构成的岸，啪啪作响，像一排狂野的巨浪不情愿地咬进沙滩里——

1　格言与譬喻集；用于《查拉图斯特拉如是说》第四部"高等人""与国王的谈话""自愿的乞丐""魔术师""唤醒""正午"。——编注

——甜蜜的谄媚的狗子们

——顺服,贪婪,健忘:它们的一切都跟娼妓相差不多。

——为绿色蔬菜而激动,厌恶肉的欢悦

——这些家伙是精细的:你们这样用羊蹄怎么能抓得到?不是什么话都适合每一张嘴:可是哎呀,这个病入膏肓的时代!哎呀,这些乱说话和偷东西的坏习气!

——空的,洞穴,挤满了夜禽,

　　四处啼叫,四处受惊

——"这些诗人!即使他们在医生面前裸示自己,他们依然会粉饰自己!"(而且当查拉图斯特拉没有对此说不,而是微笑起来时,看哪,这位诗人飞快地抱住自己的竖琴,大大地张开了嘴,唱起一首新歌。

——从他的眼中射出一道恶毒的绿色闪电,他张开口,又闭上了它。

——暮色降临到大海:他踏在猛烈的绿浪上晃动着,这位渴望者,骑在他紫色的鞍上——

——倚靠在大地上,犹如一艘疲惫地驶入它静谧港湾的船:够了,一只蜘蛛从陆地上向他织起它的丝,这里不需要任何更强健的绳索了!

31 [34]¹

"我的动物们呵! 我的大幸福把我搞晕了! 现在我必须跳起舞来,——方不至于栽倒在地! 。

——他们匍匐在小而圆的事实上, 他们拜倒在事实的脚下吃着尘土与粪便: 而且还兴高采烈:"这里终于就是现实了! "

——你们跟我谈你们的希望? 可是它不是短腿且斜视的吗? 它不是只围着尖角看, 看那里是不是已有绝望在等着?

——而你们中还有谁会诚实地为了自己的后天做出担保! 谁——还可以起誓? 谁还会在同一间房子和同一个意见上驻留五年?

——人是恶的: 所有最智慧者皆如此安慰我说: 啊,但愿这一点在今天还是真的!

——为此, 我确实来到里这个高处! 我难道不想最后看到一个伟大的人〈类〉吗? 看哪, 我找到了一个快活的老男人

——朽烂的不再能守护其死者的墓穴。哎呀,

---

1 格言与譬喻集; 用于《查拉图斯特拉如是说》第四部"苦难的呼声" 高等人""欢迎""蜜之祭品"。——编注

293

那里很快会来一出复活了!

——关于蜂蜜:"我不需要你,但我接受你,如同一件生命的馈赠:作为收取者我把你敬献出去

——是这样的:一道闪电击中他们的餐食,他们的嘴巴学会了吞食火焰!

31 [35]¹

——坚定地并且如同一个农民既粗俗又狡猾

——"善良意愿"的人类? 不可信赖

——问女人们:怀孕分娩可不是因为好玩!

——人们会为其德性而受到最严厉的惩罚。"²

——"天气凉了,月亮出现,天空无云:不值得生活吗,哦,查拉图斯特拉! "

——有的人自己对自身感到疲倦:看哪,那一开始就在等着他的幸福这时才来到他这里。"

——我 是 一 首 天 气 分 界 线(Wetterscheide)吗? 所有云层竟都到我这里来, 想要得到天气的讯息——

1　格言与譬喻集;用于《查拉图斯特拉如是说》第四部"与国王的谈话""高等人""蜜之祭品"。——编注

2　参看《善恶的彼岸》第132节。(此条双引号只有末尾一侧有,原版如此。——译注)——编注

——我像一片不断扩展的云那样专注，变得越来越安静，越来越晦暗：所有应该孕育出闪电的东西都如此做到了。

——"你们想要在我这里取暖吗？我建议你们不要离我太近：不然你们会把手烤焦。看吧，我是过热了。我费劲地强制着我的火焰，不让它突破到肉身之外。"

——人们把你的爪子绑起来了，你这只挠人的猫，现在你不能挠了，你的绿眼往外放射着毒药！

——干渴而锃亮的剑，在墙上渴盼地挂了太久：它们在欲望前闪着幽光，它们想要再次啜饮鲜血

——剑来回穿梭如同长满红斑的蛇

——我悄悄听着回声，哈！我只听到了赞扬。[1]

31 [36][2]

——像我一样做吧，像我一样学习吧：唯有行动者才能学习。

——在尊敬中比在蔑视中有更多的不公正。

施魔法者——我也已知道了如何铺上斑驳的覆布：而谁若擅长骑马，也就擅长坐在鞍上。

1 参看《善恶的彼岸》第99节。——编注
2 格言与譬喻集。——编注

——而如果你对天空生气，就把你的石头朝天空扔去——：这就是你的全部恶毒！

——世界不就是静止不动的吗？这种静止怎么用可怕的螺旋圈将我缠卷！[1]

——你们太知道如何遮掩自己，你们这些诗人们！

——他让自己被德性征服：现在他所有的糟糕都将为此在他这里展开复仇。

——在这时你是盲目的，因为你的正直在这里中止了

——我悄悄听着回声，但我听到的只是赞扬[2]

——他从他的高处向下扑下，对卑下者的爱诱导他——：现在他摔断了四肢躺着

——他谈论了太多关于他自己的事，这曾是他隐藏自己的绝招。

——祝福！怎么会这样，真理在这里竟然一度获胜了？一个强大的谬误前来帮助了它。[3]

1　参看《查拉图斯特拉如是说》第四部"正午"。——编注

2　参看《善恶的彼岸》第99节。——编注

3　参看《查拉图斯特拉如是说》第四部"高等人"，科利版第4卷，第359页，第9—11行。——编注

——他变得对我无所谓了，他使我不再多产了

——人类是多么可怜啊！人们跟我说，他们自己爱着自身：哈，就连这种爱也多么可怜！[1]

——我用这些剑斩破一切幽暗（Finsterniß）![2]

31 [37][3]

——而已经出生的，是有病的。

——你们所有这些创作者，在你们身上有许多不纯净的东西：这使得你们必须成为母亲。

——疼痛使母鸡与诗人们咯咯叫

——一个新孩子，一种新疼痛。已经出生的，应该使自己纯净。

——踩在他的自负的高跷上[4]

——如当人们把油与水搅拌在一起时[5]

——围绕你们而居住者，也很快会在我们身上

1 参看《查拉图斯特拉如是说》第四部《最丑陋的人》，科利版第4卷，第332页，第9—11行。——编注

2 参看《查拉图斯特拉如是说》第四部"与国王的谈话"，科利版第4卷，第306页，第15—16行。——编注

3 格言与譬喻集；用于《查拉图斯特拉如是说》第四部"高等人"。——编注

4 参看《狄奥尼索斯颂歌》(1888/89年版)"在食肉猛禽中"。——编注

5 参看《狄奥尼索斯颂歌》(1888/89年版)"论最富裕者的贫穷"。——编注

住惯。

——自立者，——你们必须学习自己把自身立起，否则你们将栽倒。

——我自己给自己戴上了王冠：不然没有手足够强健能做到这个

——长着贼眼，虽然他们已经居有财富了。而他们中有些人我会称为捡破烂者和食腐尸者。[1]

——所有伟大事物都扭曲地通向其目标，弓着身子，像猫一样在幸福面前发出呼噜声。看看吧，你们是否有勇气，像一阵风暴那样扭曲[2]。

——你的德性乃是怀孕者的谨慎：你保护和爱惜你神圣的果实和将来。

——一场沉船事故把他重新吐回到陆地上

施魔法者——你们将很快重新学习祈祷。古老的精神伪币制造者也把你们的精神制成了伪币。

---

1 参看《查拉图斯特拉如是说》第四部"自愿的乞丐"，科利版第4卷，第336页，第7—8行。——编注
2 "扭曲"原文为krummgehen，本义为失败、不成功，此处按字面义翻译，突出krumm的"弯曲、扭曲"的意思。——译注

——他不再知道向哪里去？在陆地上火如雨般落下，海洋则把他吐回到陆地上。

——明朗，如同一位隐秘地提前享受其死亡的人那样[2]

——谁若知道，他要驶向何方，就也知道他所乘的风是什么

——当魔鬼把自己的皮剥下，他的名字也掉下了：这也是皮肤。

——母性因素对我来说是赠予性的。父亲总只是一个意外。

——进入紧迫的境地中时也不要忘记把你的孤独一并带入

——你意愿成为他们的光明，但你却使他们目眩了。你的太阳本身戳坏了他们的眼睛。

——现在地下世界在咆哮，所有鬼影都在做证反对你，喊叫着：生命——这是煎熬！——而你竟想要为生命辩护吗？

1　格言与譬喻集；用于《查拉图斯特拉如是说》第四部"阴影""高等人"。——编注

2　参看《狄奥尼索斯颂歌》（1888/89年版）"日落"。——编注

——贪婪的眼和别样的苦涩灵魂(gallichter Seelen)配菜[1]

——当我看到有人伸长手指偷窃时，我宁可拉住那些较短的手拉长

——魔鬼避开上帝,因为他是一位认识之友。[2]

——极乐而又荒唐，如同一只试图倒立的大象。

——闪电不再造成伤害，这还不够: 它应该学着为我工作。

31 [39][3]

——他说服他们相信他们迷路了——这个谄媚者! 对他们的谄媚就是,说他们曾有一条道路。

——他失去了他的目标: 哎呀，他将怎样失去他的损失，并且不把它放在心上!

施魔法者 (Bezauberer) ——你追求伟大这一点暴露了你: 你并不伟大。

——最深切的爱，不知道自己的名字而问道: "我不是恨吗?"

---

1 参看《查拉图斯特拉如是说》第四部"自愿的乞丐"。——编注
2 参看《善恶的彼岸》第129节。——编注
3 格言与譬喻集; 用于《查拉图斯特拉如是说》第四部"魔术师""阴影""正午"。——编注

——在生中死去，被掩藏，被埋葬，被隐匿：哦查拉图斯特拉，你还要复活多少次！

——这个弄清楚了：现在它跟我不再相干了。当心！以后你可能对太多的事情都弄得很清楚[1]！

——那些跟他们最好的恨绑定在一起的人所恨的不是自由的精神，而是新精神。

——哦幸福呵，我通过恨与爱来到我的表皮：我像所有沉重而且心情沉重的人那样在深处待得太久了[2]

——我睡了一个长觉，睡足了，为的是更长久地——出离清醒（auswachen）。

——他有理由如此长久地孵育他的厄运：在这个丑恶的蛋中藏着一只美丽的鸟儿。[3]

——他想要的是，他的德性的星座最后会发光：为此他把他的精神弄得晦暗，在自己面前挂上了一个新的夜晚。

——像一具尸体那样无助

---

1 "弄得很清楚"原文为 aufgeklärt，亦有"经过启蒙的"之义。——译注
2 参看《善恶的彼岸》第 90 节。——编注
3 参看《狄奥尼索斯颂歌》(1888/89 年版)"名声与永恒"。——编注

——"而那四只动物说：阿门"[1]

31〔40〕[2]

——就连圣徒也想："我想要生活，正如我拥有兴趣(Lust)——否则我就没有兴趣去生活了。"

——你们这些丰盈者，你们就像是腹部很大的瓶子从太窄的瓶颈中滴流出来：人们经常会把这样的瓶子从颈部打破，当心！

——最大的行善几乎不会把人宠坏，这时小的行善却会把人惹恼。

——在我总是感到恐惧之处，我最后还会有所盼望！人们学着最终爱他们的深渊。

——一位智者身上最使我惊奇的东西，就是他也能聪明一时。

——幸福而疲倦，犹如每个在第七天的创造者。[3]

欧洲人——我在哪里可以感到是在家里(hei-misch)？这是我最长久地寻找的东西，对它的寻找始终在造成我持续的流离失所(Heimsuchung)

1　参看《狄奥尼索斯颂歌》(1888/89年版)"在食肉猛禽中"。——编注
2　格言与譬喻集；用于《查拉图斯特拉如是说》第四部"阴影""自愿的乞丐""晚餐"。——编注
3　参看《旧约·创世记》2: 3。——译注

——"我们来，是要见见本世纪最快乐的人"[1]

——他是毫不动摇的；而如果他抱怨，他这样做更多是出于对你们的宽容，而不是出于对他自己的。

——通过平易近人的方式裹藏他的严厉

——与其成为商贩，宁愿去打架斗殴！

——关于他，他们说："他在上升"；不过他是像球一样被你们推到他的高处的——被你我的沉重空气，是他吃了你们的苦头这一点使他上升。

——这里连野心也被勒死了；他们贪求的更多是成为最终者而不是最初者。[2]

31 [41][3]

——你们在计算时曾忘了未来之物：你们曾忘了大多数人的幸福。

——现在我所爱的人都不在人世了：我还应该如何忍受自己呢！

——在德性中只有跳跃与飞翔：应该没有人——

1 参看歌德《安魂曲，致本世纪最快乐的人莱恩侯爵》。——译注
2 参看《狄奥尼索斯颂歌》(1888/89 年版)"名声与永恒"。——编注
3 格言与譬喻集，用于《查拉图斯特拉如是说》第四部"阴影"。——编注

——他寻求他的敌人而找到了他的朋友

——你们这些抢夺尸体者，你们懂得从所有这些死者身上再偷出（abstehlen）些东西！

——给你们的意志弄出一个脊梁

——谋杀上帝者，诱拐善人者

——充满深深的不信任，身上长满了孤独的苔藓，拥有长久的意志，一个沉默寡言的人，所有贪婪者的敌人——

——而谁若（在最深处）深渊般地蔑视他们，他不就因此是对他们做出最大善举的人吗？

——"她的头脑中对正确之事的感觉还不如我最左边¹的小脚趾"

——不信任并且流着脓，为突然产生的意愿做好了准备，一个潜伏者与窃听者

——我没有事先意愿它；所以我必定是事后意愿它——那么，我必定对所有事情都做了"弥补"²。

1　"正确之事"(das Rechte) 字面义为"右边的东西"，故以"最左边的"(linksten)来戏谑之。——译注

2　"弥补"原文为 gut machen，字面义为"做好事、干得好"。——译注

——你们的笼子和狭小的心，你们怎么会具有自由的精神！

你们的吸烟室和沉闷的小屋

用心者——他从内到外烧焦了，不是为了自己的信仰，而是他对他的信仰找不到任何愿望

31 [42]¹

——我到底爱人类吗？可是他们属于我的作品。

——哦你们这些智者呀，你们这些人要学习为了你们的愚蠢而高兴！哦你们这些贫乏者，卑微者，多余者，你们的轭太轻了！爱〈默生〉²283

——不过当那老人这样说的时候，查拉图斯特拉抓起了他颤抖的手亲吻，"请离开我，我的诱惑者"，他说道，然后微笑——因为就在他疼痛间他想起了一段好笑的回忆。

——一日之师 (Eintags-Lehrer) 和其他逐腐青蝇们。

1　格言与譬喻集，用于《查拉图斯特拉如是说》第四部"高等人"。——编注

2　参看尼采图书遗存：R. W. 爱默生，《尝试》(Versuche)，法布里修斯译，汉诺威，1858年。——编注

——狭隘的灵魂，小贩灵魂！当金钱在钱箱里跳动的时候，小贩的灵魂也一同跳动。[1]

——认识的贪吃鬼或蹩脚美食家

——金钱在哪里发出声响，哪里就娼妓盛行。

——对于货币和货币兑换者人们要戴上手套去攻击：而且对所有从手指中漏下来的东西都要这样。

——大多数人蠢得做不到自私自利

——无论哪一种爱都是他们的疯狂；他们为一物牺牲万有

——你若想要收买这些人，那出价就不要太低：不然他们会说着"不"趾高气扬地走开，带着得到提振的德性，作为"收买不了的人"。[2]

——我的朋友，德性是不用"为了""因为"和"因此"来做事的；它听不懂这样的小词。

1 系对《宗教改革时代》中"辞源"（geflügelten Wortes）的改写："当金币在钱箱中跳响时，/ 灵魂就跳离了炼狱之火"（汉斯·萨克斯论特策尔）。——编注
2 参看《狄奥尼索斯颂歌》（1888/89 年版）"名声与永恒"。——编注

——你们这些蹩脚诗人和懒虫，谁若无所创造，就会有一种虚无给他创造!

——轻浮而草率，一个飞行训练师，一个神性的轻—率者(Leicht-Fertiger)

——我必须对你们做的事，你们不能够反过来对我做：没有一报还一报! ²

——孤独成熟了：但上面什么也没有栽种。

——他们迫害我吗? 好吧，那么他们就要学会跟随我。古往今来，所有的成就都在深受迫害者(Gut-Verfolgten)身上。³

——我轻快地从你们头上越过，如同一道目光越过泥潭。

——他看见了我最深切的耻辱，我唯独想对这个见证者进行我的复仇

1　格言与譬喻集，用于《查拉图斯特拉如是说》第四部"高等人""最丑陋的人""蜜之祭品"。——编注

2　参看《查拉图斯特拉》第三部，《旧牌与新牌》，科利版第4卷，第250页，第3—4行。——编注

3　参看《新约·马太福音》5：10；"迫害"原文为verfolgen，本义为追捕，与"追随"(folgen)同根。——译注

——看见一切的上帝必须死：人类无法忍受这个见证者活着。

——有个感到羞耻的人，人们必须强迫他和责罚他去做他最喜欢做的事。

——像一个演员一样不耐烦：他，他没有时间等公正来到

——你们这些强健者，你们现在竟然还渴求地朝虚弱者的德性张望：不过，在这些美丽姑娘的身上你们应该留下些严厉的教训！

——你连自己在做梦都感觉不到：哦，那你离醒来还远着呢！ ¹

——我不是天气分界线吗？不是所有的风都到我这里来征询我的肯定与否定？

31 [44]

民众的男人——他突入禁地：这是他全部德性的起源。

——你骑马奔向你的目标是够快的了：可是骑在马上的还有你的跛脚。当你从马上跳下——那时，恰恰在你的高度上，你会栽跟头！

1　参看《查拉图斯特拉如是说》第四部"正午"。——编注

——我从这一点认出了丰盈者：他感谢来拿取的人。

——孤独的日子愿以勇敢的脚步前行

——一个崭新的春天在我的枝干中漫涌，这意味着痊愈。我听到南风的声音并为自己感到羞愧：我的新鲜幸福的耻部渴求幽暗浓密的枝叶。

——在公平与慷慨中漂荡，为他们的愚蠢和大地上幸福如此廉价而欢喜

——被吸得干涸的灵魂基底的渣滓，沙质的河床

——无家可归者——对不安定者来说，即使是一个囚室也是多么地安全！被捕获的罪犯睡得多么安详！

施魔法者——这些人，展现崇高的姿态会使他们确信，而说明根据倒令他们不信任

——像犹太人和中国人，会为大脑与阴户而激动 (erreglich)

——你们的信仰，它的门边上是神的通奸

——你们跟随我跟得太近了，你们这些纠缠者和跟屁虫：一不留神我会一下踩到你们头上的！(真理对用心者说)

——你们的和平散发的阳光，在我看来总是太

燥热(schwül)：我宁愿坐在我的剑的阴影中

——如同一阵把天空刮得明亮，把所有海洋搅得波涛汹涌的风

——四处飘旋，四处浪荡，你们这些不安定者；你们在所有表皮上都曾经睡过，你们像灰尘落在所有镜子和窗玻璃上

——他唱歌：这时它大概也越过他的幸福而飞走了，那只自〈由〉的鸟儿？因为不幸沉默了。

——让我猜测：你们用你们的证〈据〉使我精神的饥饿变得疲倦。

——他们为自己发明了最神圣的无聊和对月曜日与工作日²的欲望

——可怕的事物在这里环绕和自转，深渊在这里绽开，地狱之犬在这里狂吠，它叫作未来，最智慧的灵魂在这里也陷入晕眩。

——你们这些财富的囚徒，你们的思想发出的银铛声不是跟冰冷的锁链一样吗？

---

1 格言与譬喻集，用于《查拉图斯特拉如是说》第四部"阴影"。——编注
2 "月曜日与工作日"，原文为 Mond- und Werkeltagen，月曜日即星期一，最初表示"月神主管的日子"。——译注

——没有女人，营养很差，盯着肚脐眼 (Nabel-beschauerisch)，给呼吸数数，无聊：他们怎么可能给自己发明比上帝之淫欲更好的东西呢？

——在最遥远与最冰冷的思想中盘算，如同冬日屋顶上的幽灵，在月亮沐浴在光辉中时

——有一个人，敌人在他这里几乎捞不到什么好处：因为他很快又笑了起来。

——谁若在德性中感到如在家中般自在，他跟德性的谈话就更加亲密，更多戏谑。

$$31 [46]^1$$

查拉图斯特拉：人们必须从远处看他们的神：只有这样他才显得好看。因此魔鬼离上帝很远，因为他爱与美丽假象为伴。

$$31 [47]^2$$

施魔法者。
· · · · ·

在德性与出世 (Entsagung) 面前跪下，就像群氓一样，特别是在伟大的贞洁面前：我曾在它面前祈祷和拜倒。

对我而言陌生的东西，〈我〉从来认识不到的东

1　参看《善恶的彼岸》第129节。——编注
2　用于《查拉图斯特拉如是说》第四部"魔术师"。——编注

西，我曾经以神圣的方式言说：我的鼻子最喜欢去嗅闻那些对我来说不可能的人

查拉图斯特拉说：在你身上可能有许多群氓的成分：谁若在那里自由自觉就像在家里一样，就会以更亲密、更善于戏谑的方式说话

31 [48]¹

——这些滞重者，忧心忡忡者，他们让自己的良知打起了呼噜：因为他们一直在受着他们内在畜生的苦。

——在被云层遮盖的天空中，当人们朝他们的敌人们射出箭与致命的思想

——比我们的今日与昨日更有思想的时代，更因思想而毁灭（zerdachtere）的时代

——这个时代：它不就像一个生病的女人，她一定会暴躁尖叫怒骂，把桌上碗碟全都打碎，最后才会重新安静下来？

——执拗的精神们，精细而小器

——哦，你们所有人都多么的悲伤！哦你们的狂欢节小丑（Hanswurst）也多么的悲伤！

1　格言与譬喻集，用于《查拉图斯特拉如是说》第四部"阴影""欢迎"。——编注

——你们这些绝望者，你们给那些来劝解你们的人们带来了多少勇气啊！

——情况比你们想的更糟：有些人以为在说谎，却看到自己竟猜中了真相！

——你太富有了，哦查拉图斯特拉，你腐蚀了太多人，你使我们所有人嫉妒！

——他们在爱呀，而没有被爱；他们撕碎了自己，因为没有人愿意拥抱他们。"我身上没有任何东西值得爱吗？"他们的绝望在叫喊。

——那些渺小灵魂的癖好就是如此：他们想要伟大事物俯身对自己阿谀奉承，让它跟自己坐一桌。

31 [49]¹

——哈，他们又跌回到强健的词语和虚弱的行动中去了！哈，他们又重新把自己称为有德性的人！

——他们从前从虚无中创造出上帝：有什么好奇怪的，他对他们来说又变为了虚无

——你们说"哎呀！一切都是假象 (Schein)！"可是一切都是谎言。你们说："一切都是苦难和没

---

1 格言与譬喻集，用于《查拉图斯特拉如是说》第四部"阴影""水蛭"。——编注

落！"但你们总是说得不够：因为一切都在意愿造成苦难和造成没落！

——没有上帝，没有善意，没有精神——我们发明了他，这所有人类中最丑陋者！

——啊，我的兄弟们！善人们的善与信仰到哪里去！所有这些谎言的无辜到哪里去了呢！

——不灵活又受了惊吓，就像一只在跳起时失足的老虎。

——他忘了怎么吃肉和怎么跟乖巧的姑娘们玩游戏，使他忧虑的是尺度(Maaßen)

——从前——：哈，这个从前多么遥远！"从前"这个词已是多么的甜蜜，就像密林里迷途的钟声——

——是的，人类，人类——这是一根很长的绳索，而查拉图斯特拉意味着被打在其中的绳结！（预言家）

寓言——正如一个在梦想着远方之事的漫游者不经意间在寂静的街上撞到了一只睡着的狗：双方像死对头一样打量着对方，这两个被吓得要死的家伙！然而从根本上说：他们差点儿就要相互磨蹭和爱抚！

——白昼渐渐消逝，到时候了，甚至已经超时了，我们得动身了

31 [50]¹

——长刺的脑袋,绞尽脑汁的脑袋

——像弹跳的蛛猴一样过于仓促

——在棺材与锯木屑之间

——癞皮狗和瘦削的杂种 (Gezücht) 围绕在我周围

——一次冷水浴: 你想把你的脑袋和心一起放进来吗? 哦, 很快你就将像只变红的螃蟹!

——勤劳而忠诚者, 日子闪着金光, 一如既往地涌到他面前

——被曙光初现的永恒所围绕, 我上方是云开雾散的沉默。

——那个给驴子插上翅膀并把他的控诉者变为他的辩护者的人, 那个给母狮子挤奶的人

——我周围的浪涛越升越高: 很快我的小舟就不再停泊在干燥的地面了。

——你们用锁链把我绑起来, 但当我们的嘴巴

1　格言与譬喻集, 用于《查拉图斯特拉如是说》第四部"高等人""影子""正午"。——编注

被封住时，刽子手和行刑者才是最有力的说服根据

——他们把我想得渺小了：他们是在报复我想要把他们变得更伟大！

——去往没有牧人吹奏笛子的时辰：因为正午在田野上安睡。

——一个愿意因她所爱的东西而受苦的女人

自愿的乞丐——那种古老的狡黠的虔诚，它说"施与贫者，就是借给上帝：你们要成为好庄家！"[1]

而倘若我是你们的信仰，那么我也是你们的变易（Wandel）。

因为他的意志渴望伟大的正午并且渴望其没落

31 [51] [2]

——你们把我称为牺牲者？但谁若向来祭献过牺牲，就知道，他所献的并不是牺牲。

——一个由丰盈与理性构成的怪物，一个长着一千只手的挥霍者，像一个太阳那样无动于衷地挥霍

——从前有一个人，他说："我是真理"，从来没有一个不谦逊的人比他得到过更为礼貌的回答。

---

1 对此可参看《旧约·箴言》19：17。——译注

2 格言与譬喻集，用于《查拉图斯特拉如是说》第四部"高等人""影子"。——编注

诗人——我的感官和我的向往 (Sehnsucht) 奔向稀少和长久之事: 我多么蔑视你们那小而短的美呵! [1]

——"没有什么是真的, 一切皆允许", 这是你们说的话? 哈! 那么如果这句话是真的, 它被允许说出来又意味着什么呢!

——用画面舞蹈音调和沉默来说话: 倘若众人不是为了符号与比喻, 那么众人又是为何而存在呢!

——它们立在那里, 这些沉重的花岗岩般的猫, 这些源自远古的价值: 谁能够把它们翻倒过来!

——一个伟大的人, 这样一个人, 他知道为了他的事业扔掉他的同情, 打碎他讲求情理的心: 他敢于而且从这自己这里做到了对许多人和许多事的牺牲, 从而让他自己蓬勃生长——

——直立成为巨大不幸的荒野中的柱子, 变得僵直呆滞, 化为石头 [2]

---

1 参看《查拉图斯特拉如是说》第四部"高等人", 科利版第 4 卷, 第 359 页, 第 24—26 行。——编注

2 参看《查拉图斯特拉如是说》第四部"忧郁之歌", 科利版第 4 卷, 第 372 页, 第 14—17 行。——编注

——在他金黄色的悲伤中静止，作为一个品尝过太多好东西的人

——我那个历经千年的主人帝国，我的 hazar [千]¹——²

——你不知道这个吗？你所做出的每个行为，所有历史事件都在重复和缩简于其中

你们的感性是一个反感性（Wider-Sinn），你们的诙谐是一种确实加上但是的诙谐

31 [52]³

——在恨中也嫉妒着：你想要你的敌人只是冲着你来！

——认识带来的刺激多么少啊，倘若不是在通往它的道路上要克服这么多羞耻的话！⁴

——你们把利益当作运载着你们偏好的大车来爱：可是车轮的噪音对你们来说不也还是无法忍受

1　hazar 为波斯语中的"一千"。——译注

2　参看《查拉图斯特拉如是说》第四部"蜜之祭品"，科利版第4卷，第298页，第15行。——编注

3　格言与譬喻集，用于《查拉图斯特拉如是说》第四部"高等人""驴子节"。——编注

4　参看《善恶的彼岸》第65节。——编注

的吗？[1]

——步伐暴露出，一个人是否已经在他的轨道上迈进了：而谁若临近了他的目标，就会跳起舞来。

——你们谈论你们的忠诚：但是你们的忠诚是舒适的类型，它不想要你们从自己的床上起来。

——你的德性曾让你开心：今后这就不该叫作德性，而是你的趣味——也就是说，是好趣味想要这样做的！

——但查拉图斯特拉啊，蛇说，你这聪明人，你怎么能这样做呢！这是一件蠢事嘛！——"这对我来说也已经是够艰难的了。"

——你的坏良知在你之中：这是你最老的前身之前身 (Vorvordern) 的声音在劝说你。"原罪"，我的朋友，这肯定是你的原德性的一个证据。

——关于崇高的情感你们都谈了些什么啊！在高处我感觉到自己深沉和坚定，而且最终站在我的根据和故土上。

1　参看《善恶的彼岸》第174节。——编注

——一位彻底的教师，这样一个人，他严肃对待所有事情都只是为了学生，对待自己也是。[1]

——拥有精神是不够的：人们还必须自己承担它，这里包含着很大的勇气。[2]

31 [53][3]

——哦关于那位古怪而残忍的、你们当作"爱"来赞美的上帝！当这个上帝产生之时，所有的爱大概都很少有神性吧？

——冰冷淡漠的人类，这样一种人，人们不愿意相信他们做的那些傻事

——谁若是发自内心地温顺而舒畅的，他也会喜欢不忠：可是所有绝对者就要遭殃了！这是一种病态。

——赞扬不是比所有指责都更加纠缠不清吗？

——你们曾经学会无根据地信仰这个东西：我怎么可能用说明根据的方式把它在你们这里翻转过来呢！

1　参看《善恶的彼岸》第63节。——编注

2　参看《偶像的黄昏》"德意志人所缺的"，科利版第6卷，第103页，第3-4行；32 [9]。——编注

3　格言与譬喻集，用于《查拉图斯特拉如是说》第四部"高等人"。——编注

——"我是完全爱我的上帝的：我怎么可能想要他也爱我！它应该不会这么笨，笨到会相信我吧！就像所有恋者所做的那样。

——你们这些生着热病的人把所有事物看作幽灵，而你们这些不发烧的人则把所有事物看作是空洞的影子：而且你们双方竟需要相同的话语！

——我的记忆说："这是我做的"，我的自负却补充说"我不可能这样做"而且始终不松口。最终——记忆让步了！[1]

——他有着冷漠干枯的眼睛，在他面前，每个事物都被剥光了，褪去了毛色：现在你们以为，他的昏弱无能变成了"对真理的爱"这句谎言！

——你们注视生活时，如果没有看到那个正在用呵护的手——杀人的家伙，那你们就没有看清楚！[2]

——他抖动身子，环视周围，用手捋着脑袋——然后你们就称他为一个认识者！然而没有发烧还不是认识。

---

1 参看《善恶的彼岸》第68节。——编注
2 参看《善恶的彼岸》第69节。——编注

——今日之认识者，他们教授的是：从前神想变成动物：看哪这就是人：——一个作为动物的神！²

——大爱无需回应与回报，报复已在大爱的海洋中溺死了。

——最后教教我吧："每件坏事都有好的另一面。"

——你们所有这些溺水者，你们以为我不知道你们这时想要什么吗？你们想要抱紧一个强健的游泳者，就是我本人。

——你们以为，我想要让高等人更轻松，向他们指出一条捷径吗？你们这个种类应该越来越多地走向毁灭，我会学着对此笑得越来越畅快

——你们会把最强健者也跟你们一起向下拖进深处：你们竟然这样盲目和呆傻地抓向一个拯救者！

——我学着看到更大的厄运，而且对于你们发

1　格言与譬喻集，用于《查拉图斯特拉如是说》第四部"高等人""欢迎""蜜之祭品"。——编注

2　参看《善恶的彼岸》第101节。——编注

出惨叫这一点，我并非不感到快乐。

——你们的悲惨跟我有什么相干呢！我的罪名就是：同情你们！

——你们以为，我能在你们做得很糟糕的地方做得很好吗？

——现在我把我的那些金钓竿远远地抛进这片深黑的海中：它们箭一般嗖嗖钩进了它忧伤的腹部。

——现在我把最奇异的人鱼引上我的钓钩，现在我想要对着那底下生出的一切奇形怪状的东西发出我金黄色的大笑

——敞开吧，你这人类丑戏的不净的怀抱！你这深渊般的海，把你斑斓混杂的怪虫和闪着荧光的螯蟹朝我扔过来吧

31 [55][1]

你们这些烂货和怪物，你们这些失败的家伙，你们的悲惨跟我又有什么相干，那也只是提供了许多笑料而已！同情你们——：这叫作我仅剩的一桩原罪

---

1 为《查拉图斯特拉如是说》第四部"欢迎"一章所作。——编注

你们所有这些溺水者,你们以为我不知道,你们想要从站在我的高度上的我这里获得什么吗: 大海把你们向下卷去: 现在你们想要抱紧一个强健的游泳者了?

而说真的, 你们手脚并用这样盲目而狂乱地抓向一个拯救者,你们竟把最强健者也拖下来,下到你们的深处!

我现在对此发笑了,一个强健的游泳者,他不再向你们伸出一个小指头: 因为如果你们抓住了它,你们还会想要拿走手和心。

这是你们不谦逊的地方,你们想要生活,想要活着,哪怕我因你们而毁灭

31 [56]¹

"你们这些国王,而你是一只驴! "

31 [57]²

查拉图斯特拉的头发正在变黑(狮子和鸽群)

---

1 为《查拉图斯特拉如是说》第四部"与国王的谈话"一章所作。——编注
2 为《查拉图斯特拉如是说》第四部最初构思的终章所作。——编注

31 [58]¹

——一阵渴望穿过大地，敲响了所有隐修士的门并说道"查拉图斯特拉还活着吗？"

31 [59]

——好的提问者已经得到了一半的答案。

31 [60]

人们必须在脑袋后面也长出眼睛！

31 [61]²

与国王们的谈话

——"我看见国王在我面前：但我寻找的是高等人。"

——你用这利剑般的话语击碎了我们心灵的幽暗

——我们不是第一批，而这必定意味着：对这个骗局我们终于厌倦并感到恶心

——最后教教我吧："每件坏事都有两个好的另一面"

---

1 《查拉图斯特拉如是说》第四部"欢迎"，科利版第4卷，第349页，第7—12行。——编注

2 为《查拉图斯特拉如是说》第四部中"与国王的谈话"一章而作；也用于"高等人""自愿的乞丐"等章。——编注

——查拉图斯特拉呵，比起你最左边的脚趾头，你们头脑里更少有对于正义的意识。

——在这样的人群中，连野心也被勒死了：在这里，他们贪求的更多是去意味着最终者而不是这个民族的最初者。"

——好的提问者已经得到了一半答案。——

——可是你们看哪，这一点是怎样到来而且怎样必定到来：人们脑后也必须长着眼睛！

——极其不公：因为他们想要普适的尺度

——坚定地，如同一个农民既粗俗又狡猾

——他们紧紧抓住法律，想把法律叫作"陆地"：因为他们对危险感到厌烦，但根本上他们是在寻求一个伟人，一个舵手，在后者面前法律本身溜之大吉

——这些乱说话和偷东西的坏习气！——精细的家伙——他们用羊蹄去抓。不是什么话都适合每一张嘴。

甜蜜的谄媚的狗子们，当它们尊敬时

它们的妻子：顺服，贪婪，健忘：它们的一切都跟娼妓相差不多。

还有，他们当中谁还能真诚地为自己的后天做

出担保呢？谁——还能发誓和承诺呢？他们当中谁还能五年待在同一座房子里，持着同一个意见呢？

具有善良意志的人，但不可靠而且渴望新奇，这种鸟笼和狭隘的心灵，这种烟箱和沉闷的小屋——它们想要成为自由的精神——

他们感受到群氓的身心，想隐藏之，〈并且〉乐于穿上和罩上高贵的外衣：〈他们〉称之为教育——他们热忱地推动之

他们谈论大多数人的幸福，为大多数人牺牲全体未来者

他们有自己的德性，人们无论如何都买不到他们的德性。别提供得太少了，否则他们会说"不！"并且趾高气扬地离开，在自己的德性方面得到了加强。"我们是最不可收买者！"[1]

一日之师和其他丽蝇

而且他们往往犹如那些害羞者，〈人们〉还不得不强制和强奸后者，使之不得不走向自己最喜爱的东西。

——其和平的子嗣让我觉得郁闷和难受：我更

---

[1] 参看《狄奥尼索斯颂歌》，"荣耀与永恒"。

愿意坐在弧形刀剑的阴影下。

——因公道和温厚而漂浮不定，欣喜于自己的愚蠢，尘世的幸福是那么廉价

31 [62]¹

晚餐。
* *

国王如是说，所有人都朝查拉图斯特拉走去，又一次向他表明了他们的敬畏之情；查拉图斯特拉却摇摇头，用手拦住他们。

"欢迎来此，他对客人们说。"让我重新向你们表示欢迎，你们这些奇怪者呵！连我的动物也欢迎你们，满怀崇敬和畏惧：因为它们还从未见过如此高贵的客人呢！"

但你们可不是我的小小危险——我的动物们这样对我悄悄地说。"你要小心提防这些绝望者！"怀里的蛇对我说；——把这种羞怯的谨慎之心交给你们对我的爱吧！

对于溺水者，我的蛇暗暗地对我说：是大海把他们拉下水去的——他们在水里喜欢紧紧地抱住一个强壮的泳者。

---

1 《查拉图斯特拉如是说》第四部"欢迎"一章的异文。——编注

而且真的，多么盲目而野蛮地，溺水者手脚并用，抓住一个营救者和好心人，最后他们把最强壮者也一道拉入深水里了。你们是——这样一个溺水者吗？

我已经把小手指头伸向你们了。苦啊！你们现在还会从我身上剥夺什么并占为己有呢！"——

查拉图斯特拉如是说，同时满怀恶意和爱意地笑了，一边又用手抚摩着他的鹰的脖子：因为他的鹰就停在他身边，竖起羽毛，仿佛他是在保护查拉图斯特拉免受访客的伤害。而这时，他把手伸给右边的国王，这国王亲吻着他的手，重新开始说话，比以前更热烈了：－－－

31 [63]

晚餐。
笑者之歌。

致意。
晚餐。
即席表演。
玫瑰演说。

但当查拉图斯特拉发现他的客人们又这样欢呼雀跃，七嘴八舌地说话时，他离开了他们，悄悄地走到他的洞穴外面。"他们很高兴，我已经治好了他们，他对自己的心说：这开局如此糟糕的一天竟有多么美好的结局！暮色已降临海面，它骑行在海面上，这个渴望者，在它紫色的鞍鞯上摇摆。天空清朗地显露，世界深沉地躺卧：哦，你们，所有来到我这里的怪人们哪，你们这样做是对的：和我一起生活本是值得的！"——

查拉图斯特拉对着自己的心如是说，越来越安静。然而在此期间，查拉图斯特拉的客人一个接一个地走出了洞穴；而他们在外面看到的东西最终让他们每个人都安静下来。于是他们站在一起，默默伸出手，朝外张望：但这时从深处隐秘地传来了那古老的沉重的嗡嗡钟声，那是查拉图斯特拉的午夜钟声，他喜欢数着它的敲击，伴着韵律吟唱，这次也是沉重地满载着快乐与悲伤：——他们所有人的心都战栗了。

---

1 《查拉图斯特拉如是说》第四部的异文，大部分后来用于"高等人"一章。——编注

然而猜到一切的查拉图斯特拉说话了，既怀着恶意又怀着爱意，没有看向他们，而是像一个自言自语的人，声音不大，但足够清晰："哦，让我看看这些绝望者吧！哦，让我看看这些绝望者吧！"

——但他的客人一听到这番话，一下子就意识到他们的变形与痊愈：他们对自己笑着，所有人都跳向查拉图斯特拉，感谢、崇拜和爱戴他，或者亲吻他的手，以每个人各自特有的方式：所以也有少数人哭了。但预言家却愉快地跳起舞；虽然像有些人认为的那样，他当时满腹甜酒，但他甜蜜的生命肯定更加饱满，抛开了一切生命的疲惫。查拉图斯特拉注意着这位预言家是如何跳舞的，并用手指指着：但随后，他一下子从一众感谢者和热爱者的簇拥中抽身出来，躲到了一个险峻的悬崖上，他向上攀爬了几步，在登高时撕下一些玫瑰花和玫瑰枝。从这个高度，正如刚才所说的，他手里拿着玫瑰花，在那天晚上最后一次发言：他向下俯望着这群不再怀疑的绝望者，这群站在良好坚实基础上的溺水者，他从心底笑了出来，把玫瑰花扭成一个花环，进行了如下演讲，人们称之为：

玫瑰演说

这个笑者的冠冕，这个玫瑰花环的冠冕：我自己给自己戴上这个冠冕，我自己神圣地说出我的笑。我发现今日没有其他人足够强大到能替我这样做。

多好啊，看到你们来我的洞穴！我多么感谢你的关心与思念（Sehnsucht），它翻山越岭并在正确的地方发问："查拉图斯特拉竟还活着吗？"

一个好的提问者已经得到了一半答案。而说真的，一个完整的好答案是你在这里只有用眼睛才能看到的：查拉图斯特拉还活着，而且活得比向来都更多：

——舞者查拉图斯特拉，轻盈者查拉图斯特拉，挥动他的翅膀，一个飞翔训练师，向所有的鸟儿招手示意，准备就绪了，一个神性地轻率行事的人——我自己给自己把这个冠冕戴上！

——预言家查拉图斯特拉，对真理沉默者查拉图斯特拉，不是不耐烦者，不是无条件者，一个喜欢跳跃和跳荡（Seitensprünge）的人——我自己给自己把这个冠冕戴上！

我和大地的所有眼泪和所有人类的悲叹一起摇动：我将永远像油浮在水面上一样欢快地飘在最

上层。

如果我一旦对大地生气：我的恶意会把天上的星辰向下拽到大地上——这就是查拉图斯特拉所有的复仇之道。

而如果大地上有沼泽和阴惨之地，有整个烂泥汇成的苦海：脚步轻盈的人仍然可以在泥泞上行进——跟在刮过的冰上一样快。

而如果我需要敌人，并且经常自己成为自己最凶的敌人：敌人在我这里不会被收取什么补偿，每次暴风雨过后我都笑得太快了

而尽管我曾在许多荒漠和荒野之地中待过：我却没有成为荒漠圣徒，也没有僵硬地站在那里，呆板地化为石头，化为一根柱子：毋宁说，我迈出了步伐。

步伐暴露出一个人是否已经迈进他的轨道。所以，请看我的行进！而谁若接近了他的目标，他会——跳起舞来！

所有的好东西都扭曲地接近它们的目标，它们像猫一样躬起身子，在临近幸福之前，它们在内里发出呼噜声：所有的好东西都在笑！

大地上最大的罪是什么？这是他所说的话：

"哎呀,在这里笑的人有祸了!"

他在大地上找不到笑的理由吗?所以他只是太没有好好找了:就连一个孩子在这里也会找到理由。哦,他可是找到过他自己呢!

他——爱得不够,否则他也还会爱我们,我们这些发笑者。但他只是憎恨我们和嘲笑我们;他向我们这些发笑者预先提示的是号啕大哭与瑟瑟发抖!

在人们不爱他的地方,这个无条件的人,他马上想要大发雷霆。他自己爱得不够:否则他就不怎么会希望有人——爱他。

避开所有这些无条件者!这是一个可怜的、病态的物种,一个群氓物种。他们对此种生活的关注很糟,他们的脚步和心都很沉重。

我的弟兄们,提升你们的心,提高!再高些!但别给我忘了腿!把你们的腿也抬高,你们这些好舞者,更好的是:你们也自己倒立起来!

即使在幸福中也有沉重的怪物,有一开始就笨手笨脚者。他们古怪地使出全力,这些极乐有福的东西,就像努力倒立的大象。

但是在幸福面前出丑好于在不幸面前出丑!笨拙地跳舞总比跛着脚走路要好!所以照我的智慧来

学吧:"每件坏事都有两个好的另一面。"

所以在我这里把阴沉苦闷和所有夜游者的悲伤全忘掉！哦，那些狂欢节小丑今日还在让我悲伤！这个今日是暴徒的日子: 所以在我这里忘了这个——今天！

对我跟对风一样,风从它的山洞里冲出来,向下刮到这里。它想跟着自己吹出的笛声跳舞,大海在它的舞步的足印下颤抖起伏。

他给驴子插上翅膀,给母狮挤奶: 在我这里向这个放纵不羁的好精神致敬吧, 他像风暴一样扑向所有今日和所有群氓, ——

——敌视那些长着带刺和榨干了的脑袋的人,以及所有渺小苦闷的杂草, 这阵狂野美好自由的风暴, 把灰尘吹进所有视线沉重而黑暗的人的眼睛里:

——那憎恨这群群氓癫皮狗和所有失败的阴沉杂种的人: 在我这里向所有自由精神致敬吧, 这发笑的暴风,它在海洋和阴惨之地上跳舞,如同在草地上一样。

出去,现在出去,你这个野小子和没规矩的！你说的是谁? 飞出去, 飞得远远的吧, 你这呼啸着的风！像一阵呐喊与欢呼飞过广阔的重洋，直到你找到极乐的岛——

——问候我那些在他们的岛上的孩子们，给他们带去太阳的邻居、雪的邻居、鹰的邻居的问候，给他们带来他们父亲的爱的问候！

我的孩子们，我健康诞生的孩子们，我新的美丽种类：我的孩子们在他们的岛上犹豫着什么呢？

难道现在不是时候，不是最高的时刻——这样向他们耳中吹奏吧，你这美好的风暴之灵——他们终于来到他们父亲这里了吗？我不是像一个头发变得灰白的老人一样在等待我的孩子吗？

出去吧，出去吧，你这不羁而美好的风暴之灵！从你的山洞里冲下来，冲进大海，赶快，在傍晚之前还得为我的孩子们祝福——

用我的幸福来祝福他们，用这玫瑰花冠的幸福！把这些玫瑰向他们的岛上抛去，就像抛去一个问号，它问道："这样的幸福从何而来？"

——直到他们学会问："我们的父亲还活着吗？怎么，我们的父亲查拉图斯特拉还活着？我们的老父亲查拉图斯特拉还爱他的孩子吗？"

用我最好的幸福把我的孩子吸引到我这里来！

诱引他们到我忠诚的黄金色的父亲之思恋上来！把一段长而又长的发自父亲内心的爱的蜜汁向他们滴去！

风在吹，风在吹，月亮在照，——我远而又远的孩子们，你们为什么不留在这里，和你们的父亲一起？风在吹，天空中没有一丝云彩，世界沉睡。——哦，幸福！哦，幸福！

但查拉图斯特拉刚说出这些话，他就发起抖来，一直抖到心底：因为当他低头看自己的脚时，他发觉自己完全是独自一人。他已经忘记了他的客人——他的客人也忘记了他吗？"你们在哪里？你们在哪里？"查拉图斯特拉朝着黑夜喊道：但黑夜沉默。——

"你们在哪里？你们在哪里，我的动物们？"查拉图斯特拉又一次朝着黑夜喊道。但他的动物们也沉默——

魔术师之歌。
. . . . .
论科学
. . . . .
玫瑰演讲。
. . . . .

幸运者是好奇的。

如果你们称我为你的主人与大师：那么我将以押韵的方式告诉你，这位大师对自身的看法是什么。

因为我从前在我的房门上，我是指在这个洞穴的入口处，写下这样的话：———

在这个地球上，最大的不幸莫过于大地上的强者并不也是第一等人。因为这样一来，一切都出了差错，而且———

但是，当一切都错了的时候，又有什么奇怪的呢，这时群氓们觊觎成为主人？这时那种暴徒德性会说："看哪，唯有我才是德性！

这样的事发生在今日与明日之间：但正如曾经和必定会到来的那样———

1　《快乐的科学》第二版的题铭对此作了补充："我住在我自己的房子里，/从未模仿过任何人/而且——每一个没有对自己笑够的大师，/我都还要嘲笑他们。"——编注

2　为《查拉图斯特拉如是说》第四部"与国王的谈话"所作。——编注

我想要用德〈意志〉和清晰的方式向你们演讲

直到现在我还不太知道如何跟你们打交道——最好的做法是，我们一起饕餮。

31 [70]²

2个国王

自愿的乞丐

魔术师

用心于精神的人 (der Gewissenhafte des Geistes)

最丑陋的人

离职的教宗

漫游者

正午沉〈睡者〉

---

1 为《查拉图斯特拉如是说》第四部"欢迎"所作。——编注
2 《查拉图斯特拉如是说》第四部中人物形象清单。——编注

1884/1885年冬笔记（2）*

追溯道德价值评估的根源。

他为我们所有人代言,你使我们摆脱了厌恶——这是这个最恶劣时代里最恶劣的疾病之一

查拉图斯特拉: 你们给我带来了何种礼物——你们自己可能都不知道,你们刚刚把什么送给我了!

你教人培育一种新的贵族

你教人建立拓殖地,蔑视国家贩子的政治

你心系人类的命运

你引导道德超越自身 (对人类的克服, 不只是"善与恶"的罪恶意识)

查拉图斯特拉关于高等人的说法

你们必须找出这个恶劣时代的优势。

好的膳食。

1 为《查拉图斯特拉如是说》第四部"欢迎"所作 。——编注

高等人。
. . . . .
魔术师之歌。
. . . . . .
科学。
. .
玫瑰演说。
. . . . .

32 [4]¹

论"最丑陋的人"
. . . .

哦我的灵魂啊，不要沮丧，虽然人类如此。宁可放眼欣赏他们所有的邪恶、稀奇和可怕之处！

"人是邪恶的"——所有时代最有智慧的人们对我如是说，为了安慰我。哦，今日教会了我叹息："怎么！这竟然也是真的吗？"

"怎么会呢？这种安慰完蛋了吗？"我的懦弱这样叹息着。但现在这位最具神性者安慰了我。

32 [5]

群氓，它在今天的意思是：大杂烩。其中一切跟一切混在一起：毒舌妇 (Hallunken) 与圣徒，容克贵族与犹太人，上帝与诺亚方舟上的所有牲畜。²

1　此段为《查拉图斯特拉如是说》第四部"最丑陋的人"所作，亦用于"高等人"一章。——编注

2　参看《查拉图斯特拉如是说》第四部"与国王的谈话"，科利版第4卷，第305页，第13—15行。——编注

而今天的这些女士——她们不也是真正恶劣的群氓女士吗？顺从、享受、健忘、有同情心——她们一切都跟娼妓相差不太远。[1]

——我的朋友们，如果你们曾经对你们的妻子说过这样的话，请以得体和友善的方式对她们补充说："当然只有你，我最亲爱的，是个例外。而查拉图斯特拉向你问好。"

32 [6][2]

你这个糟糕的老魔术师，这是你身上让我尊敬的最好和最诚实的东西：你终于厌倦了你自己，公开说："我不伟大"。你这种诚实来得可够迟的。[3]

你这个被放逐者、虚假者、不可救药者，正如有些时刻你的魔鬼对你耳语："有些人确实会暂时相信你，说吧，你恰恰能够救赎他们，你虚假得足以做到这个！"

---

1 参看《查拉图斯特拉如是说》第四部"自愿的乞丐"，科利版第4卷，第336页，第7—10行。——编注

2 对应《查拉图斯特拉如是说》第四部"魔术师"。——编注

3 参看《查拉图斯特拉如是说》第四部"魔术师"所作，科利版第4卷，第319页，第14—16行。——编注

但现在离开我的育儿室，我的洞穴，出来吧！在这冷却你热腾腾的傲气，学习在幸福面前安静下来。

夜色朗照，月色明亮，天空中没有一丝云彩：问我，问你们自己，你们这些怪人，这是否值得——活着！

然而，查拉图斯特拉说的是他已经说过一次的话，当时他说的是他对永恒的诺言，向这同一个生命许诺永恒：但他的声音已经改变了。

而所有听到查拉图斯特拉问题的人都用他们的心回答，但没有人说一句话。于是他们站在一起，默默地握着手，向外张望。那里———

无乡的乡愁。漫游者。

1: 　所以，我这里几乎不缺永恒的犹太人，除非，我既不永恒，也不是犹太人。

2——环我而居的东西，亦将很快变得亲熟。

3——当魔鬼把自己的皮剥下，他的名字也掉下了：

1　《查拉图斯特拉如是说》第四部结尾草稿。——编注
2　为《查拉图斯特拉如是说》第四部"影子"所作的警句与寓言汇编；也用于"高等人"章。——编注

这也是皮肤。

4——谁只要知道他要驶向何方，就也知道他的航行所乘的风是什么

5——他失去了他的目标：哎呀，他将怎样失去他的损失，并且不把它放在心上！

6——他说服他们相信自己迷路了——这个谄媚者！对他们的谄媚是,说他们应该有一条道路。

7——这个清楚了：现在它跟我不再相干了。当心！以后你可能对太多的事情都弄得很清楚！

8——就连圣徒也想："我想要生活，正如我拥有兴趣(Lust)——否则我就没有兴趣去生活了！"

9——我在哪里可以感到是在家里(heimisch)？这是我最长久地寻找的东西，对它的寻找始终在造成我持续的流离失所(Heimsuchung)。

10——我没有事先意愿它，所以我必定是事后意愿它——那么,我必定对所有事情都做了"弥补"

11——现在我所爱的人都不在人世了：我还应该如何忍受自己呢！

12——这些笼子和狭小的心——他们怎么会想要成为自由的精神！而谁若没有犯过所有的罪行，正如——

13——一日之师 (Eintags-Lehrer) 和其他逐腐青蝇们。

14——金钱在哪里发出声响，哪里就娼妓盛行，在那里只可以戴着手套去抓和抢

15——那些太过羞愧的人们，人们必须强迫和责罚他们去做他们最喜欢做的事

16——像犹太人和中国人，会为大脑与阴户而激动 (erreglich)

17——这些人，展现崇高的姿态会使他们确信，而说明根据倒令他们不信任

18——对不安定的人来说，囚室是多么安全啊！被抓获的罪犯们睡着时是多么地平静！

19——"看着点，不要尾随真理跟得太紧：不然它会踩到你们的头！

20——"怎么，你称自己为一个自由的精神？你已经犯过所有的罪了吗？把你崇拜的心打碎了吗？

21——被吸干的沙质的灵魂，干涸的河床：怎么——自由的精神们？

22——他突入禁地：这是他全部德性的起源。

23——直到你在最遥远和最冷漠的思想中盘亘，如同一个冬日屋顶上的幽灵？

24——飘荡，四处漂泊，不安定：我已经在所有肤浅表面上都睡过一觉了，我作为灰尘曾经落在每一面镜子、每一扇窗玻璃上

25——这比你们想的更糟：有的人以为在撒谎，而这时他才说中了真理！——

26——这些迟缓的人，忧虑的人，他们让自己的良知打起了呼噜：我不像他们

27——什么造就了欧罗巴？——哦这是一个病弱的怪姑娘：她一定会冲人们发狂尖叫怒骂把桌上碗碟全都打碎，不然人们在她面前永远不得安宁：一个意愿因她所爱的东西而受苦的女人。

28——比我们的今日与昨日更有思想的时代，更会毁于思想的时代

29——哦，善人们的善与信仰到哪里去！所有这些高尚的谎言的无辜到哪里去了呢！

30——他们从前从虚无中创造出上帝：有什么好奇怪的，现在他对他们来说又变为了虚无

31——像弹跳的蛛猴一样过于仓促

32——一次冷水浴——你想把你的脑袋和心一起放进来吗？哦，很快你就将像只变红的螃蟹！（查拉图斯特拉看见一个面红耳赤的人走过来）

33——在棺材与锯木屑之间生活;我对掘墓人的手工活没有兴趣

34——"没有什么是真的,一切皆允许"我犯过所有的罪: 那些最危险的思想,最危险的女人。

35——从前我的感官奔向稀少和长久之事: 但今天这些在哪里啊! 所以我并不蔑视小而短的美

36——认识带来的刺激多么少啊, 倘若不是在通往它的道路上要克服这么多羞耻的话——[1]

37——今日之认识者, 他们教授的是: 从前的情形是, 神想要变成动物——: 神自己作为动物: 看哪——这就是人类! [2]

38——一个自由的精神, 却有一个虚弱的意志; 翅膀扑腾,却有一个被打断的脊梁

39——它们一会儿把自己锁起来, 一会儿把自己扭伤,这些亲爱的祖国

---

1 参看《善恶的彼岸》第65节。——编注
2 参看《善恶的彼岸》第101节。——编注

1, 9, 24, 2, 39, 13, 14

6, 5, 4, 35, 8, 37, 30

38, 11, 10

21, 32, 33, 23, 27, 16, 28

15, 36, 22, 20, 34, 7, 25, 3, 16, 26, 29

18, 12

19

好欧洲人

1, 9, 24, 2 (对那些祖国发笑) 无家可归者, 四处游荡者 13, 14 享受地 8

6, 5, 4, 35 无目标地, 被虚无套住 37, 30

38 虚弱的意志 11, 10

21, 32, 33 习惯于最强健 (最具有刺激性) 的思想, 最冷的冷水浴 23:

27 在前面: 这叫作欧洲人品性 (*Europäerthum*)

16, 28 和像犹太人那样的苍老民族

15, 36 (克服羞耻 —— 22, 20 思想的犯罪 34 "一切皆允许"

7, 25, 3, 16, 26, 29 充满对道德的嘲弄

18, 12 把自己困在一个笼子里的危险

19 对精神疲倦, 感到恶心

有知识与良知者。
． ． ． ． ． ． ．

——今天的一个认识者，他问：人到底是什么？上帝本身作为野兽？因为，我觉得，上帝从前曾想变成野兽。

——冷酷清醒的人，对于他们，人们不愿相信他们的愚蠢：人们将这些愚蠢拙劣地解读为拙劣的聪明。

——没有理由你们就学不会相信这个：我怎能通过理由推翻你们这种信仰。

——难道赞颂不比一切责难更纠缠不休吗？我也荒疏了赞颂，赞颂中缺乏羞耻。

——这些有知识者和有良知者：他们怎样用体恤之手——杀人！
． ． ．

——他们的记忆说："我做了此事"，而他们的自负却说"你不可能做此事"：不要被索取。最后——他们的记忆让步了。

1 只有一小部分为《查拉图斯特拉如是说》第四部"水蛭"所用，参看"高等人""驴子节"等章；此外参看《善恶的彼岸》第101、19、70、69、68、63诸节以及科利版第13卷，20 [92、93]。——编注

——他有着冷酷而干枯的眼睛,在他面前,每一个事物都会掉光羽毛,变得毫无色彩,他苦于无能撒谎,并且把这种无能叫作"求真理的意志"!

——他颤抖着,环顾周边,用手抚摩脑袋,现在他让自己被骂为一个认识者了。但摆脱了头脑发热还不是"认识"。

——发热病人把一切事物都看作鬼怪,而不发热的把一切事物都看作空虚的阴影——但实际上他们两者都需要同样的话语。

——可你这聪明人,你怎能如此行动呢!那是一件蠢事——"这对我也已经够艰难的了。"

——在今天,光有精神是不够的:人们还必须自己取得精神,"擅自取得"精神;为此要有很大勇气。

——也有这样一种人,他们因为身为教师而堕落到去认识:他们只为学生的缘故才严肃对待事物,连带着严肃对待他们自身。

——他们站在那里,沉重的花岗岩般的猫,来自远古时代的价值:而你,查拉图斯特拉啊,你想要把他们翻倒过来吗?

——他们的觉识是一种反觉识(Wider-Sinn),

他们的机智是一种执拗和迷误的机智 (Doch- und Aberwitz)。

——那些勤勉和忠实者，对他们来说每一天都是金灿灿的，同样地往上流淌

——犹如一位梦想着远方事物的漫游者，在孤寂的街道上突然撞上了一只睡着的狗：双方如死对头般彼此打量，吓得要死。可是！他们差一点就要相互磨蹭、爱抚、安慰对方了：这两个孤独者！

——固执的精神，精细而小器

——让我来猜测：你的证明使我精神的饥渴都疲倦了。

——你甚至连自己在做梦都不觉得：呵，那是你还远没有醒来！

——我的朋友啊，德性跟"为了""因为""由于"没有一点儿关系，它听不见这些细小的言语。

——充满深深的怀疑，孤独如沼泽般蔓延，长久的意志，一个沉默寡言者，你，所有贪婪者的敌人

——他并非为了自己的信仰而被烤焦，从内部用刚砍下的小木条烤焦：而是因为，他在今天再也找不到勇气去支持自己的信仰

——像一具尸体一样无助，在生活中死亡，被

埋藏和隐藏：他再也不能站立，这个蹲伏者和潜伏者：他怎么可能在某个时候 —— 复活（aufersté-hen）呢！

——闪电不造成损害还不够，闪电应该学着为我所用。

——你想要成为他们的光明，但你却使他们目眩了。你的阳光本身戳坏了他们的眼睛。

——可这是怎么发生的，真理在这方面竟然获胜了？是有一个更强大的谬误来帮助它了吗？

——你在这一点上是瞎的，因为你的正直在这里停止了。

——他们匍匐在细小而滚圆的事实面前，他们亲吻它们脚上的尘埃和污泥，他们欢呼："这里终于有现实了！"

32 [10]¹

自愿的乞丐。

唯有这样我才回归了自然

——你属于那些为绿色蔬菜而激动、厌恶所有

1　为《查拉图斯特拉如是说》第四部"自愿的乞丐"所作的警句与寓言汇编；也用于"水蛭"章；亦见《善恶的彼岸》第99、174节。——编注

355

肉的欢悦的人吗？布道讲授山上宝训和维护可爱牲畜的哲学

——他们是冷酷的：一道闪电击中了他们的菜肴，他们的嘴巴就学着吞食火焰！

——我已经厌倦于自身：而且看哪，这时我的幸福才来到我身上，它从一开始就在等着我。

——它们带着受缚的爪子坐在那儿，这些抓挠的猫，现在它们可不能抓了，但从它们的绿眼里透出了恶意。

——有人已经从自己的高处把自己抛了下来。对卑贱者的同情诱骗了他：现在他带着折断的四肢躺在那儿。

——我这样做又有何用！我倾听反响，但我只听到了赞扬。

——¹用小偷的眼睛，看他们是否已经坐拥财富。他们中的一些人，我称之为捡破烂者和食腐尸之鸟。¹

——¹我看见他们行窃，就像他们从父辈传下来的习惯那样：于是我偏爱吃亏。

---

1 此段及以下诸段段首的上标数字1均为原文如此，并不是注释符号。——译注

——¹贪婪的眼睛, 苦涩的(gallichte)灵魂

——¹宁可要打架(Händel)也不要这些商人(Händler)!人们应当戴着手套去攻击金钱和兑换者!

——¹最大的善行几乎不会把人宠坏之处, 小的善行却会把人惹恼。

——¹你们这些丰盈者, 你们就像是腹部很大的瓶子, 经由太窄的瓶颈滴流出来: 当心, 不耐心经常会把这样的瓶子从颈部打破!

——¹当我看到我们的富人们时, 我为财富感到羞愧, 我抛弃了自己拥有的, 同时也把自己向外抛入一片荒漠中。

2——我尊贵的陌生人, 你逗留于何方? 今天不是人人都在讨价还价吗? 他们本身统统都是可收买的, 只不过是有一定的价格的: 但如果你想买下他们, 那么不要给得太少, 不然你倒提升了他们的德性。他们于是会对你说"不"!并且作为不可收买者趾高气扬地离开——所有这些一日之师和纸上青蝇们!

——狭隘的灵魂, 商贩的灵魂: 因为当金钱跳进箱子时, 商贩的灵魂也一道跳了进去。

——"据此我认识了丰盈者：他会感谢来拿取的人"查拉图斯特拉说。

——¹财富的服刑者，他们的思想如同冰冷的锁链那样叮当作响。

——他们虚构了最神圣的无聊，以及对于月曜日和工作日的渴望

——正如一个在梦想着远方之事的漫游者，不经意间在孤寂的街上撞到了一只睡着的狗：

双方像死对头一样打量着对方，这两个被吓得要死的家伙！然而从根本上说：他们差一点就要相互磨蹭爱抚，这两个孤独的家伙！

——不是出于那种古老而狡黠的虔诚，它说，"施与贫者，就是借给上帝：你们要成为好庄家！"

——你们爱功用（Nutzen），作为运载你们偏好的大车：可是车轮的噪声不是让你们难以忍受吗？我爱无用之物（Unnützliche）。

——¹他们的女人们：顺服，贪婪，健忘：她们一切都跟娼妓相差不多。

我爱寂静，而那些人爱噪声，因此———

高等人。

"这样你们就跟孩子一样不会变化"——不！不！三倍的不！这是过去的事了。我们也根本不想要进入天国。

我们既然成长为男人，那我们就意愿这片大地之国。

（不！不！三倍的不！什么叮叮当当的天国！呼呼！我们不想进入天国：我们的国应该是大地之国！）

"你们被逼向高处，被逼到我这里来：就让民众们说'你们在上升'吧。你们在我看来就是——被逼迫者(Gedrückte)！"

——在盛行让群氓满意的年代，恶心已经是高等人的标志了：

---

1 为《查拉图斯特拉如是说》第四部"高等人"而作。——编注

32 [12]

七种孤独

而我若有朝一日必须与狼群一起嚎叫，那么我会叫得足够好；会有一匹狼说："你嚎叫得比我们狼更好。"

32 [13][1]

轮唱曲

但是，当他们这样站了很久，当夜晚的秘密离他们的心越来越近的时候，这时那惊人漫长的一天中最令人吃惊的事情发生了。起初，这个最丑陋的人开始重新咕哝咕噜地擤鼻涕：可是直到他说出话来时，一个问题清晰明了地从他口中发出，这个问题让所有听到的人的心灵都在肉体中翻滚。

我的全体朋友们，最丑陋的人说，你们认为呢？为了这一天——我第一次对我活过了这整个一生感到满意。

而我见证了这么多，对我来说还远远不够。活在大地上是值得的；与查拉图斯特拉一起的一天教会我热爱大地。

1 参看《查拉图斯特拉如是说》第四部"梦游者之歌""高等人"两章。
    ——编注

"这就是——生命吗?"我想对死亡说。"来吧!再来一次! 为了查拉图斯特拉! "

我的朋友们, 你们认为呢? 你不想像我一样对死亡说:"这就是——生命吗? 为了查拉图斯特拉——来吧! 再来一次! " ——

而你是我们的医生和救世主——哦查拉图斯特拉啊,让我们从今往后与你同行!

最丑陋的人如是说道; 而时辰离午夜不久了。

这时查拉图斯特拉急切地抓住他的手, 把它按在自己的手上,并深受震动地叫喊出来,那声音就像来自一个那样的人, 他不经意间遭到珍贵的礼物和珠宝从天而降:

"怎么? 你这样说, 我的朋友? 这就是你的意愿? 这是你完整的最后的最好的最大的意愿? 来吧!再说一次吧! " ——

最丑陋的人照吩咐做了: 但其他高等人一听到他的赞美, 一下子就意识到他们的变形与痊愈,意识到是谁把同样的东西赠给了他们: 然后他们跳向查拉图斯特拉,感谢、崇拜、爱抚或亲吻他的手,以每个人各自特有的方式:所以有些人笑了, 有些人哭了。而预言家却愉快地跳起舞;虽然像有些人认为的那样，他当时满腹甜酒，但他甜蜜的生命肯定更加饱满，抛开了一切生命的疲惫。甚至还有这样的人，他们叙述当时驴子跳起了舞；因为最丑陋的人当时把它当作新神来礼拜的时候，预先给它喝了酒，而不是水。可能是这样，也可能是另一种情形——而且说真的，并不是所有讲述查拉图斯特拉故事的人都会相信这个——：但肯定最丑陋的人也有能力干出这个坏事（Schlechtigkeit）。

查拉图斯特拉自己却注意到了预言家是如何跳舞的，并用手指指着他；然后，他却猛地一下把自己从一众热爱者和崇拜者那里抽身出来，把手指放在嘴边，命令大家安静。就在那个深夜时辰，查拉图斯特拉唱起了伟大的轮唱曲，他的客人们一个接一个地加入其中；但驴子、鹰和蛇都在悄悄地听，正如查拉图斯特拉的洞穴在倾听，还有夜本身也在倾听。而这番轮唱曲是这样唱的：

我的弟兄们，提升你们的心，提高！再高些！——但别给我忘了腿！把你们的腿也抬高，你们这些好舞者，更好的是，你们也自己倒立起来！

听！听！深沉的午夜临近了！

这时老预言家加入："即使在幸福中也有沉重的怪物，有一开始就笨手笨脚者。他们古怪地用尽全力，就像努力倒立的大象。

听！听！深沉的午夜临近了！"

这时最丑陋的人加入："笨拙地跳舞总比跛着脚走路要好，在幸福面前出丑好于在不幸面前出丑。而这是查拉图斯特拉最好的真理：再坏的事都有两个好的另一面。

听！听！深沉的午夜临近了！"

这时老魔术师加入："现在我已把阴沉苦闷和所有夜游者的悲伤忘掉！我想要跟风一样，把全部天空刮得明亮，把全部大海搅得波涛汹涌：我今后想要与查拉图斯特拉一样。

听！听！深沉的午夜临近了！"

这时右边的国王加入："我和大地的所有眼泪和所有人类的悲叹一起摇动：我将永远重新像油浮在水面上一样欢快地飘在最上层。而这是我从查拉图斯特拉那里学到的。

听！听！深沉的午夜临近了！"

这时左边的国王加入："而我必定要对大地生一次气：这时我的恶意会把天上的星辰向下拽到大地上：这就是查拉图斯特拉所有的复仇之道。

听！听！深沉的午夜临近了！"

这时好欧洲人加入："而如果大地上有沼泽和阴惨之地，有整个烂泥汇成的苦海：脚步轻盈的人仍然可以在泥泞上行进——跟在刮过的冰上一样快。

听！听！深沉的午夜临近了！"

这时自愿的乞丐加入："步伐暴露出一个人是否已经在他的轨道上迈进：看查拉图斯特拉的行进！谁若接近了他的目标，谁就会——跳起舞来！

听！听！深沉的午夜临近了！"

这时用心于精神的人加入："所有的好东西都扭曲地接近它们的目标，它们像猫一样躬起身子，在临近幸福之前，它们在内里发出呼噜声：所有的好东西都在笑!

听!听!深沉的午夜临近了!"

这时老教宗加入:"大地上迄今为止最大的罪是哪一桩? 这是他所说的话:"哎呀,在这里笑的人有祸了!

听!听!深沉的午夜临近了!"

32 [14] [1]
最后的罪
* * * *

I.

但是查拉图斯特拉自己在那时发生了什么? ——是的, 谁若想猜测那个夜晚他出了什么事! ——因为当他看到他的高等人的幸福时, 他一下子就倒下了, 就像一棵长久地抵抗了许多伐木者的橡树——, 沉重地, 突然地, 把那些想要砍倒它的人吓了一跳。但那把朝查拉图斯特拉劈下的斧头——这把斧头叫同情, 对这些高等人的幸福的同情。

1 参看《查拉图斯特拉如是说》第四部"征兆"。——编注

2.

当他那样躺在地上时，高等人冲过来将他扶起；但他自己已经跳起来，推开所有挤在他周围的人，喊道："走开！走开！""别管我"，他喊道，是那样地痛苦和可怕，以至于他的朋友们的心都呆住了；还没有等哪只手伸出来把他拉住，他就把他的长袍拉到头上，向外跑进黑夜中，消失了。

于是他的朋友们在那里站了好一阵子，目瞪口呆，一言不发，因为他们在这些山里是陌生人，在这个时候，没有人能找到一条路走出哪怕一百步之远。这时已近午夜。他们不知所措，拿不定主意，所以最后又进入了查拉图斯特拉的洞穴，尽管在他们看来这里同样让人既悲哀又寒冷，他们还是在那里熬过了一夜，睡得很少，而糟糕的思想和幻觉却很多。

而在曙光初现的时分，那个自称是查拉图斯特拉的影子的漫游者，偷偷地离开了他的同伴，在山洞前察看那个失去下落者的行迹。过不久他就朝洞里叫道："查拉图斯特拉来了！"这时所有人都甩掉了睡意和坏想法，跳了起来，充满了希望，现在又是白天了。但当他们一块察看时——驴子也和他们一起出去，察看查拉图斯特拉的行迹——看哪，他们在远处看到一出奇怪的戏。那正是查拉图斯特拉沿着路走过来，很慢很慢：有时停下来回头张望：而在他后面是一只强大的黄色动物举步行进，就像查拉图斯特拉本人一样犹豫，慢慢地走，经常回头看。但每当查拉图斯特拉把头转向它时，它就向前加快了几步，但随后它又犹豫了。这是怎么回事呀？这些高等人问道，他们的心怦怦直跳；因为他们怀疑这只强大的黄色动物是一只大山中来的狮子。看哪，狮子突然发现了他们，它发出一阵狂野的吼叫，扑向他们：这使得所有人不约而同地一齐大叫，逃开了。不一会儿，查拉图斯特拉独自一人，震惊地站在他洞穴的入口。"我到底怎么了？"他对自己的心说，而那头强壮的狮子谨慎地挨着他的膝盖。"我刚才听到的是什么呼救吗！"这时他回忆起来了，一下子明白了发生的所有事情。这是那块石头，他开心地说道，就是我昨天早上坐过的那块：我在那里曾听到同样的呼喊。哦，你们这些高等人，那原来是你们的苦难的呼声。

而我的窘迫，是昨天早上那个老预言家警告我的那个；他想引诱我犯最后的罪，同情你们的窘迫。

但你的幸福是我的危险——：同情你的幸福，这

367

个——他没有猜到！哦，这些高等人又会从我这里猜到什么呢！

来吧！他们走了——而我没有和他们一起走：哦,胜利！哦,幸福！这对我来说正好！

但你，我的野兽和标志（Wahrzeichen），你这只笑着的狮子，你留在我身边吧！来吧！好吧！你为我的荣誉而来,而且来的正是时候,你是我的第三只荣誉–动物！

查拉图斯特拉如是对狮子说道，然后在他前一天坐过的石头上坐下来，深深地吸了一口气——：但他又怀着疑问望向高处——因为他听到上空有他的鹰的尖锐叫声。

我的动物们回来了,我的两个老的荣誉动物,查拉图斯特拉呼唤着,心里充满快乐：他们应该打探到我的孩子是否已经上路向我这里来了。而我的孩子们真的要来了,因为笑着的狮子来了。哦,胜利！哦,幸福！

征兆。

而第二天早晨，查拉图斯特拉从床上一跃而起，束好腰带，走出自己的洞穴，热烈而快乐，犹如一轮从灰暗群山间升起的旭日。

"他们还睡着"，他叫道，"而我醒来了——他们就不是我适恰的伙伴，这些高等人。

比他们更高等的人必定到来，更高昂、更自由、更明亮的人——大笑的狮子必定向我走来：所有这些短小而奇特的困苦与我何干！

我于是期待着，我于是期待着"——查拉图斯特拉这样说的时候，更若有所思地坐到他洞穴前的石头上了。

"谁当成为大地的主人呢？"他又开始说话了。"好了！这些人真的不行——我宁可用自己的锤子把这些人打碎。而我自己就是一把锤子。

如果人们用大地上的快乐使他们变得贪婪，衷心地劝说他们，那么，他们恰恰就要在大地上忍受这把锤子。怎么！只能在这个大地上——忍受吗？为

---

1 《查拉图斯特拉如是说》第四部"征兆"一章的异文。——编注

大地的缘故我要为这种说法感到羞愧。

我倒是宁愿有凶恶的野兽围绕着我，也不要这些驯服的失败者；重又看到火热的太阳孵出的奇迹，这在我是多么福乐——

——所有成熟的和发育良好的动物，对他们来说，大地本身是宏伟的。对他们来说，人一直都失败了吗？那好吧！可狮子却成功了。"

查拉图斯特拉又沉入幽远的思绪和遥远的国度中，并且归于沉默了，这种沉默甚至避开了自己的心灵，没有任何见证了。

32 [16]¹

蜜之祭品。

苦难的呼声。

与国王的谈话。

漫游者。

自愿的乞丐。

退职的教宗。

精神的忏悔者。

用心者。

1　《查拉图斯特拉如是说》第四部的最后草稿。——编注

最丑陋的人。

正午沉睡者。

欢迎。

晚餐。

高等人。

魔术师之歌。

科学。

餐后一诗篇。

被复活者。

午夜。

狂野的捕猎者。

笑着的狮子。

32 [17]¹

好欧洲人。

何为德意志？

善人的伪君子做派。

伟大的精神。哲学家。

艺术家与骗子。

有理智的悲观主义者。

---

1 为《人性的，太人性的》的后期加工（1885年夏天）而作。——编注

精神与占有 310。

论知道者 (Wissenden) 的统治 318

论治疗术 (Heilkunst)。

32 [18]

论伟大的政治。

何为德意志?

反对"惩罚"概念。

论治疗术。

反对邻人之爱。

伟大的精神们。

论希腊人。

基督徒与圣徒。

道德中的伪君子做派。

反对我们的教育。

畜群道德。

32 [19]

国家公职与国家公仆。

学者——颠倒者。

应从希腊那里学习什么

论哲学家的迷信。

好欧洲人 (社会主义)

372

无神（*Gottlos*），125 号

反对同情和邻人之爱

32 [20]

论贵族的优势。

反对取消奴隶制。

反对社会主义者，235 号

论国家之死。

道德作为畜群之本能。

伟大的男人。

惩罚中的非理性。

艺术家是如何迷失的。

反对悲观主义者及其他－－－

善良的人和愚蠢化。

误读的价值，126 号

精致的蒙昧主义

何为德意志。

对天才的误解。

32 [21]¹

从深处涌现出一阵无名的气息（Geruch），一种

1　为《查拉图斯特拉如是说》第四部结尾做的笔记。——编注

373

隐秘的永恒气息。

哦午夜！哦永恒！

32 [22]¹²

虚无主义的劫难：

征兆：同情的泛滥

精神性的过度疲劳和放纵无度

快乐或不快乐——将万事万物皆还原到这一点
上——

反对战争光荣的运动

反对划定边界和国家间敌对状态的运动

"结义"(Fraternität) ……

宗教只要还在说寓言和谈论严厉的命题，就会
变得无用

阴森叵测的思索(Besinnung)：

仿佛在一座古老的要塞上

1　产生于1888年。——编注

2　为《权力意志》而制订的计划，产生于1888年初；参看34 [19]；科利
版第13卷, 13 [5]。——编注

1884/1885年冬笔记（3）*

好膳食

在这顿从下午就开始的漫长晚餐中间：有人说："听，风在外面呼啸！现在谁还会想待在外面的世界里！我们坐在查拉图斯特拉的洞穴里，很好。

因为虽然它就是一个洞穴，对于我们这样的船只来说，它仍然是一个良好的安全港湾。多好啊，我们在这里——在港口中！"

当这些话说出的时候，没有人回答一句话，但大家都互相看了看。可查拉图斯特拉自己从他的座位上站起来，以一种和蔼可亲的好奇依次审视他的客人，最后说道：

"我对你们感到惊奇，我的新朋友。你们看起来确实不像是陷入绝望者。谁会相信，你不久前还在这个洞里因苦难而呼救呢！

在我看来，你们不适合跟你们自己作伴，当你们坐在一起的时候，你们会使彼此的心变得粗鲁乖戾吧？必须有一个人到你们这里来，让你们发笑——

——一个快乐的好丑角，一个有头有脚的舞者，

ɪ 《查拉图斯特拉如是说》第四部"欢迎"一章的异文。——编注

一个风风火火的野小子，某个老小丑和查拉图斯特拉——你们认为呢？"

在听到这些话时，右边的国王起身并说道："不要用这些小言小语来谈论你的名字，查拉图斯特拉啊！你这样伤害了我们的敬畏。

看哪，我们很清楚，是谁做到，让我们不再呼救！以及为什么我们的眼睛和心都敞开并且狂喜，我们的勇气变得放肆起来。

哦，查拉图斯特拉，大地上生长的令人喜悦的东西，莫过于强大高尚的意志：那是它最美丽的植株。整片风景会因为这样一棵树而焕然一新。

查拉图斯特拉啊，我把像你一样生长起来的人比作松树：修长、沉默、强硬、卓然独立，最好最柔韧的木材，壮丽无比——

——但最终还是伸展出强壮的绿色枝条，伸向着他的统治，在风和天气和那些以高处为家的东西面前提出强有力的质问，

——并且强有力地给出回答，一个颁布命令者，一个常胜者：哦，谁不应该登到高山之上，去观看这样的植株呢？

查拉图斯特拉啊，你的树在这里，即使是阴郁的

378

人、失败的人，在看到你的景象时也会精神一振，即使不安分者也会变得安定，即使不健康的人也会变得安全，他的心会愈合。

而我们起先呼救命，这倒也挺好的：这样我们就必须向上看到你的景象！我们现在多么感谢所有的恶心，所有沉重的空气，感谢它们教我们去问、去寻找、去攀登，——

——教我们在正确的地方、正确的高度发问："查拉图斯特拉竟还活着吗？查拉图斯特拉怎么还活着？"

一个好的提问者已经得到了一半的答案。而确实，一个完整的好答案是我们在这里亲眼所见者。查拉图斯特拉仍然活着，而且比以往任何时候都更有活力，——

——舞者查拉图斯特拉，轻盈者查拉图斯特拉，挥动他的翅膀，一个飞翔训练师，向所有的鸟儿招手示意，准备就绪了，一个神性地轻率行事的人，

——发笑者查拉图斯特拉，沉默者查拉图斯特拉，决不是不耐烦者，不是无条件者，一个喜欢跳跃和跳出常轨的人，

——戴着笑的冠冕的人，一个玫瑰花环的冠

冕：查拉图斯特拉啊，所以你要自己把这个冠冕戴到头上，今日已没有别人强健到足以为你加冕！

而虽然你比任何心情阴暗的悲观者人都看到过更糟糕和更阴暗的东西，虽然没有哪位圣徒曾经走过你走过的地狱，

——虽然你周围笼罩着新的夜，你像冰冷阴沉的雾气一样爬进新的深渊：最后你把你的五彩帐篷一次又一次在头上撑起来，

——你把你的笑声撑起来，延伸到夜、地狱和雾气弥漫的深渊之上；在你高大强壮的树挺立之处，天空一定不会长久地黑暗。"

可是在这里查拉图斯特拉打断了国王的讲话，把手指放在他的嘴上说："是的，这些国王！ ——

——他们很擅长鼓舞人心和说大话：他们自己已经习惯于这样了！但我的耳朵听到这些会变成什么样！

我的耳朵听到这些时变得越来越小，你们没看到吗？因为它们在所有伟大的华丽演讲面前都会自惭形秽地躲起来。

而且真的，你们这些国王啊，你们用这样的赞美可以翻倒最强健者，这样一杯酒不应该敬给任何人。

除了我，多亏了我铁一样的厚脸皮，我不受任何赞美的影响——

多亏了我铁一般的意志：但这意志在苦苦寻求坚硬、高尚、精细的事物：赞美和荣誉都够不着这样的事物。

而且这是真的：我没有成为荒漠圣徒，尽管我在许多荒漠和荒野中生活过，也没有站在那里，僵硬、呆板地化为石头，化为一根柱子。

我就像你说的那棵树，一棵高大强壮的树，这是真的：筋骨遒劲，柔韧而强硬，我立于大海之上，是一座活的灯塔。

而且我很乐意作为这样一棵树向你们示意，我的新朋友们，枝干宽广，强健从容：到我这里来吧，我会说，和我一起看看这些辽阔的远方吧！

33 [2]1

论"再来一次！"

这时一连串事情依次发生了，其中一件比另一件更稀奇。

---

1 《查拉图斯特拉如是说》第四部结尾的异文。——编注

——而且尽管他咬紧牙关,闭紧嘴唇,同情却仍然压倒了他,像一片沉云,一场昏醉。

那里——鹰! ——我所在之处!

他飞走了。

编译后记

本书收录与尼采最重要的著作《查拉图斯特拉如是说》相关的遗稿笔记，共计9个笔记本，辑自科利版《尼采著作全集》第10卷和第11卷。这两卷包含尼采自1882年7月至1885年秋的残篇遗稿，这些残篇保存于36份手稿中，包括21个较厚的本子、12个笔记本、3个文件夹。据《全集》编者之一马志诺·蒙提那里的"说明"，这两卷遗稿的内容涉及：《查拉图斯特拉如是说》一书四部的准备工作；《查拉图斯特拉如是说》一书未撰写的部分的计划、草稿和残篇；与《查拉图斯特拉如是说》的写作多有联系的大量箴言集；从写作观点看与《查拉图斯特拉如是说》没有任何关系的笔记；后者大约占了整个材料的一半，其中的一小部分后来在《善恶的彼岸》（1886年夏）中付印。这就是说，这两卷约有一半文字与《查拉图斯特拉如是说》有关。

中文版《尼采著作全集》第10卷由本人与郭成

博士翻译，第II卷由本人与赵千帆博士翻译。现在两书均已完成译事，马上就要出版了，我以为可以编选一本"查拉图斯特拉时期笔记集"，把尼采此时所写的与《查拉图斯特拉如是说》相关的遗稿汇集起来。我分析了一下，相关笔记有：

一、1882年7—8月笔记

（KSA 第10卷1,孙周兴译）

二、1882年夏至秋笔记

（KSA 第10卷2,孙周兴译）

三、1882年11月至1883年2月笔记

（KSA 第10卷4,孙周兴译）

四、1884年夏至1884年秋笔记

（KSA 第11卷27,赵千帆译）

五、诗歌和诗歌残篇,1884年秋

（KSA 第11卷28,孙周兴译）

六、1884年秋至1885年初笔记

（KSA 第11卷30,赵千帆译）

七、1884/1885年冬笔记

（KSA 第11卷31,赵千帆译）

八、1884/1885年冬笔记

（KSA 第 II 卷 32，赵千帆译）

九、1884/1885 年冬笔记

（KSA 第 II 卷 33，赵千帆译）

与此同时，我编译了尼采在写作《查拉图斯特拉如是说》时的箴言集。一本"笔记集"加上一本"箴言集"，应该就是尼采在查拉图斯特拉时期写下的与《查拉图斯特拉如是说》一书相关的全部笔记了。鉴于《查拉图斯特拉如是说》在尼采哲学中的至高地位，把相关笔记集中起来，肯定是有意义的。

尼采本人曾把与抒情诗相对的格言 / 箴言规定为"无歌的思索"（Sinn ohne Lied）。除"箴言集"之外的其他笔记遗稿，内容和风格都比较复杂，甚至含有不少格言 / 箴言，但主调是"诗意之思"，或者套用尼采自己的说法，是"有歌的思索"。尼采成书的《查拉图斯特拉如是说》本来就是一部"抒情诗 + 格言"混杂的怪书。要论后来海德格尔所谓的"诗"与"思"的交融，尼采《查拉图斯特拉如是说》是典范之作。

科利版《尼采著作全集》编者做的编注，我们仅留下部分关乎内容的注释，大部分文献说明和异文

385

指引，十分烦琐，对于一般阅读并无益处，我们予以
删除。特此说明。

孙周兴

2024年5月28日

记于余杭良渚

Friedrich Nietzsche

Sämtliche Werke, Kritische Studienausgabe in 15 Bänden
KSA 10: **Nachgelassene Fragmente 1882-1884**
KSA 11: **Nachgelassene Fragmente 1884-1885**

Herausgegeben von Giorgio Colli und Mazzino Montinari
2. durchgesehene Auflage 1988
©Walter de Gruyter GmbH & Co. KG, Berlin · New York

本书根据科利/蒙提那里考订研究版《尼采著作全集》
第10卷和第11卷选编。第10卷严格按照时间顺序收录尼采
作于1882年7月至1883/1884年冬之间的全部残篇遗稿;
第11卷严格按照时间顺序收录尼采作于1884年春
至1885年秋之间的全部残篇遗稿。

出版统筹：沈　刚

责任编辑：薛宇杰

营销编辑：戴学林　金梦茜

责任印制：包伸明

书籍设计：陈　渚（notadesign）

奇 遇 时 刻
ventura

联系我们：info@venturabooks.cn